A PROSPECT FROM BIG DATA PERSPECTIVE

金融数据挖掘
基于大数据视角的展望

许伟 梁循 杨小平◎主编

知识产权出版社
全国百佳图书出版单位

图书在版编目（CIP）数据

金融数据挖掘　基于大数据视角的展望/许伟，梁循，杨小平主编. —北京：知识产权出版社，2013. 2（2023. 7 重印）

ISBN 978 - 7 - 5130 - 1879 - 1

Ⅰ.①金… Ⅱ.①许… ②梁… ③杨… Ⅲ.①金融—数据收集—研究 Ⅳ.①F830. 41

中国版本图书馆 CIP 数据核字（2013）第 024696 号

内容提要

全书结构分为五个篇章。第一篇介绍了数据挖掘方法。第二篇是银行数据挖掘篇，介绍了基于神经网络和支持向量机的信用评分方法。第三篇是证券数据挖掘篇，探讨了基于多种数据挖掘方法的股票价格预测、金融市场价格预测及股票自动交易系统。第四篇是保险及其他数据挖掘篇，研究了基于数据挖掘的保险欺诈监测、企业破产预测、财务报表欺诈监测等问题。第五篇从大数据的视角对金融数据挖掘进行了扩展和展望。

本书的读者可以是对数据挖掘算法感兴趣的计算机专业人士或是对金融信息挖掘感兴趣的领域专家，也可作为金融信息工程方向的工程硕士教材或参考书。

责任编辑：江宜玲　　　　　　　　　　　　责任印制：孙婷婷

金融数据挖掘　基于大数据视角的展望

JINRONG SHUJU WAJUE　JIYU DASHUJU SHIJIAO DE ZHANWANG

许　伟　梁　循　杨小平　主编

出版发行：知识产权出版社		网　　址：http：//www. ipph. cn
社　　址：北京市海淀区气象路 50 号院		邮　　编：100081
责编电话：010-82000860 转 8339		责编邮箱：99650802@qq. com
发行电话：010-82000860 转 8101/8102		发行传真：010-82000507/82000893
印　　刷：北京建宏印刷有限公司		经　　销：新华书店、各大网上书店及相关专业书店
开　　本：720mm×960mm 1/16		印　　张：14
版　　次：2013 年 6 月第 1 版		印　　次：2023 年 7 月第 3 次印刷
字　　数：226 千字		定　　价：45. 00 元

ISBN 978 - 7 - 5130 - 1879 - 1

前　言

进入 21 世纪，中国金融业对信息化工作前所未有的重视，众多金融机构都建立起了自己的数据平台，形成了金融机构网络和垂直业务体系，实现了金融数据大集中。这些数据有三个特点。第一个特点是数据量大，一般达到 PB 级。第二个特点是类型多，如非结构化数据、半结构化数据、流数据等。第三个特点是价值密度低，有用的数据含量少。这都是大数据的典型特点。随着金融数据基础设施硬件建设的不断发展，如何处理每天产生的大数据，进行科学的分析处理，挖掘隐藏在数据内部各种有价值的关联，并及时提供决策支持，成为摆在金融业面前的新课题。

大数据时代的到来，使得世界不得不更多地使用智能数据挖掘技术。目前，金融数据挖掘引起了众多学者和业界人士的广泛关注。在这种背景下，本书力求把握金融数据挖掘的最新动向，开发金融数据挖掘的典型案例，从大数据的视角加以思考和探索，并为金融数据挖掘研究和应用的发展提供有益的支持。

编写本书的另一个出发点是，近年来我国金融业迅猛发展，金融信息化人才的需求量大大增加，相当多的毕业生进入了金融信息化行业。为满足实践的需要，很多大学的软件学院设立了金融信息系或金融信息专业，培养一批又一批的金融信息专业人才。笔者最近几年一直参与讲授一些院校的金融数据挖掘专业的工程硕士课程，感到缺少这样一本教材，所以组织师生编写了本书。

本书介绍了金融数据挖掘的一些典型应用。本书与作者以前出版的《网络金融》《数据挖掘算法与应用》《互联网金融信息系统的设计与实现》《电子商务理论与实践》《网络金融信息挖掘导论》《网络金融系统设计与实现案例集》《互联网金融信息智能挖掘基础》和《支持向量机算法及其金融应用》八本书之间的关系见图 0 - 1。本书是这些书籍在金融数据挖掘方面的延续和补充。

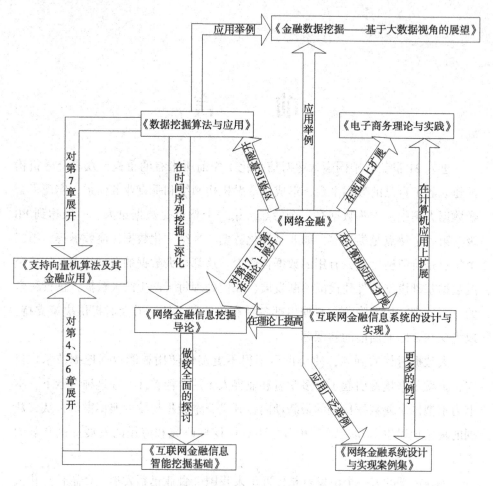

图 0-1　本书与另外八本书关系图

　　本书分为五篇。第一篇介绍了数据挖掘的基本方法。第二篇是银行数据挖掘篇，介绍了基于神经网络、支持向量机的信用评分方法及银行信贷的评价方法。第三篇是证券数据挖掘篇，讨论了基于粗糙集的股票价格预测方法、基于网络信息的金融市场价格预测研究及基于数据挖掘的股票自动交易系统。第四篇是保险及其他数据挖掘篇，选择性地探讨了基于数据挖掘的保险欺诈监测方法、基于 Logistic 回归的企业破产预测研究、基于数据挖掘的财务报表欺诈监测方法研究及基于时间序列模型的原油期货价格预测研究等问题。第五篇从大数据视角对金融数据挖掘进行扩展并进行了展望。

　　本书面向金融领域的实际问题，从数据角度来看银行、证券、保险等行业进行挖掘的可行性和重要性，对信用评分、股市预测、保险分析等进行了深入研究，并取得了较好的应用效果。随着金融领域数据的剧增，一定会经历从金融数据研究到金融大数据研究的转变。虽然本章涉及一些大数据的处理方法和基本技术，但要走的路还很漫长。希望通过本书抛砖引玉，引起学者和业界人士对金融大数据分析与挖掘的重视，同时也希望本书能作为有效的分析工具对金融企业的发展提供决策支持。

本书对金融数据挖掘进行了深入研究，在银行、证券、保险及相关方向取得了一些研究进展。在银行数据挖掘中，针对信用评分、银行贷款等决策问题，利用神经网络、支持向量机等智能分析工具进行了深入研究和实证分析，取得了较好的应用效果。在证券数据挖掘中，对股票市场预测和股票自动交易系统进行了深入研究，分别提出了利用粗糙集方法提炼股票市场的预测规则，引入网络大数据增加股票市场的预测精度，基于小波分析和神经网络构造股票自动交易系统，为优化投资组合、提高资金使用效率提供了有效的工具。在保险及其他数据挖掘领域，分别对保险欺诈、企业破产、财务报表欺诈及原油市场预测进行了研究，提出了面向不平衡数据的保险欺诈监测方法，基于 Logistic 模型的企业破产预测模型、基于集成学习的财务报表欺诈监测模型及基于 ARIMA 的原油价格预测模型，取得了较好的应用效果。虽然目前大数据的研究与应用在金融业还处于初级阶段，但是价值已经显现出来。未来，大数据可能成为最大的金融交易商品。我们深信，未来金融大数据将会成为金融业进行重要活动的基础设施。

本书的特色在于面向金融应用，不仅介绍数据挖掘算法本身，更注重如何将数据挖掘方法应用到金融实际问题中。本书的实践证明，数据挖掘方法在金融领域大有所为。本书从应用实际出发，取得了较好的应用效果。值得一提的是，为了增强金融市场预测的效果，本书力求利用大数据分析技术研究网络信息等对金融市场的影响。大数据分析与挖掘技术在金融领域将大有所为，书中对大数据及金融大数据挖掘进行了一些探讨和思考。

由于目前专门针对专业硕士的教材不多，本书也仅仅是在这方面的一个探索。考虑到专业硕士应该以应用特别是领域前沿的应用为导向，在本书结构的构思上，我们以实例分析为主线展开。本书力图把数据挖掘算法和应用"揉"在一起介绍，力求活学活用。

本书的出版，得到中国人民大学科学研究基金（中央高校基本科研业务费专项资金资助）项目（10XNI029）、国家自然科学基金资助项目（70871001、71001103、71271211）、北京市自然科学基金项目（9122013、4132067）和北京市优秀人才培养资助。

作者的一些同事和学生，也参加了本书的编写。他们是王炎、马跃峰、张黛玲、林娜娜、纪阳、李启东、胡敏章、罗易、朱浩然、周晨曦、杜玮、王佳佳、程成、金鑫、王塱、桂斌，周杰等。

由于作者水平和时间的限制，书中一定存在不少缺点和错误，恳请读者批评指正。

目　　录

第四篇　保险及其他数据挖掘

第五篇　基于金融大数据视角的展望

第一篇

金融数据挖掘概述

第1章 绪 论

近年来，随着金融信息化的迅速发展，金融机构已经搭建起数据平台，逐步实现数据大集中，形成金融数据。与此同时，数据挖掘技术在过去几十年里得到了长足的发展，技术与方法日趋完善，应用到了各个领域。金融领域利用数据挖掘技术，不仅可以用数据"说话"，为金融决策提供更加有效的支持，而且可以为金融服务提供更准确的信息和知识，为消费者提供有针对性的个性化服务。金融数据挖掘得到了众多学者和业界人士的广泛关注，在这种背景下，本书力求把握数据挖掘的最新动向，开发金融数据挖掘的典型案例，为金融数据挖掘的不断发展提供有益的支持。

1.1 金融领域进行数据挖掘的必要性

金融领域涉及银行、证券、保险及其他相关内容，包括银行信贷、信用评分、市场分析、投资组合、保险定价、智能定损、金融欺诈等。金融领域的研究内容相当广泛，但不确定性是金融市场的本质，也是金融领域需要研究的核心内容（马超群等，2007）。为了捕捉金融市场的不确定性，更好地提高金融市场效率，需要使用数据建模方法对金融市场进行有效刻画。目前，数据建模方法已经应用于金融领域，用以把握金融市场的规律和趋势，达到了良好的应用效果。但由于传统的数据建模方法基于一些有严格要求的假设，当假设条件不满足时，难以对金融数据进行建模，因此难以把握金融市场规律。随着金融行业的不断发展壮大，银行、证券、保险及其他相关机构不断融合，信息化程度大大提高。而且随着云计算技术的不断发展，金融数据正在逐步实现大集中。在这种情况下，不苛求严格假设的数据挖掘技术与算法在金融数据的支撑下就有了用武之地，并且发挥出极大的优势，为刻画金融市场的规律和趋势提供了有效的分析工具。

与其他领域的数据相比较，金融数据具有多种特点。（1）金融数据具有多样性。作为社会经济系统的一部分，金融系统的数据不仅受到物理数据（客户数据、交易数据、经济数据等）的影响，而且受到网络信息、心理行为信息的强烈影响，甚至一些主观数据的变化也会导致金融市场的剧烈波动。（2）金融数据的关系复杂。金融市场是一个复杂系统，数据之间的关系有时很难用一个简单的数学公式或线性函数来表示，呈现出高度的复杂性和非线性性。（3）金融数据具有动态性。金融市场随着时间的推移会发生剧烈变化，但仍受前期市场的影响，呈现出动态特征。为了更好地研究金融市场，需要利用这些物理数据、网络信息及心理行为信息。这些信息是不断变化的，便形成了一个巨大的数据仓库。金融数据的高度复杂性，使得一般的数据建模方法在进行金融数据建模时失效，而数据挖掘方法具有灵活性、自适应性及非线性等特征，在处理金融数据时可以达到较好的应用效果。实际的应用效果也证实了这一点，因此数据挖掘方法应用在金融领域是可行的。

1.2 金融数据挖掘的应用领域

数据挖掘方法已经应用到金融业的各个领域，从金融业务的划分来看，金融数据挖掘在银行、证券、保险及其他领域已经有了一些典型的应用案例，下面进行简要介绍，后续章节将展开详细论述。

1.2.1 银行数据挖掘

1. 贷款审批

随着企业的发展及消费者生活水平的提高，对银行贷款的需求越来越大，银行在决定是否发放贷款给客户时面临着严峻挑战。银行该如何评定一个新客户的级别并发放贷款？银行又该如何处理老客户提出的贷款申请？应用数据挖掘方法为贷款审批提供决策支持，是银行数据挖掘的一个重要应用领域。

2. 信用评级

信用评级是由专业部门或机构按照一定的方法和程序在对客户进行全面了解、调研和分析的基础上，得出其信用可靠性、安全性评价的管理活动。随着中国市场经济体制的建立，信用评级在防范商业风险、资本市场公平公正及为商业银行的风险决策提供依据等方面发挥着重要作用。信用评级主要应用于用户信用评价、贷款审批决策等方面，数据挖掘方法在该领域有着广泛的应用前景。

3. 客户细分

随着银行业的迅速发展，争取优质客户成为银行间竞争的焦点。谁拥有优质客户，谁就赢得市场先机。为了更好地识别优质客户，针对不同客户进行差异化服务，成为银行客户关系管理的重要问题。因此，对银行客户细分变得越来越重要，客户细分研究也越来越多。利用数据挖掘方法，特别是聚类分析，可以清晰地发现不同类型客户的特征，挖掘不同类型客户的特点，为金融业的优质服务提供有效的决策支持。

1.2.2　证券数据挖掘

1. 市场预测

金融市场分析和预测不仅可以为企业投资带来可观的利润，而且可以规避市场风险，是目前最有吸引力的研究课题之一。在缺少风险回避机制的金融市场中，机构投资者往往倾向于短线操作，频繁的大额交易行为会引起股价的波动，而市场参与者在金融预测工具的帮助下，能够进行更加理性的投资决策。同时，决策过程对信息的需求反过来刺激信息披露的程度，不仅缓解了短期投资依赖内部消息的现象，也促进了有效市场的形成。但是，金融市场是一个复杂系统，呈现出复杂性、非线性等特征，传统方法由于苛刻假设不能很好地应用于金融市场预测，而数据挖掘技术的出现，为金融分析和预测提供了有效的分析工具。数据挖掘在金融市场预测中有着广泛的应用，并取得了大批的研究成果。

2. 投资组合

目前，投资组合理论广泛应用于金融市场，降低了金融市场的投资风险，提高了资金的使用效率。投资组合是基于历史收益—风险进行建模的，未考虑预期的不确定性。利用最新的数据挖掘技术不仅可以更好地刻画预期的不确定性，改进已有的投资组合模型，使之更加符合现实需求，同时可以为投资组合模型的求解提供更为精确的手段，从而为投资者提供更为精准的知识。

3. 自动交易

股票自动交易系统是一种避免受到投资者情绪影响的、借助计算机设计的理性交易系统。投资者在作出错误的购买决策时，往往容易陷入沉没成本误区，在面临损失时，人们往往是风险偏好的，总期待能收回投入成本，而不愿抛售已持有的股票，这往往导致更大的亏损。自动交易系统最大的作用就是止盈止损，如果购买决策错误，则应该把损失控制在一定范围以内，如果购买决策正确也不应该贪得无厌，判断股票价格不可能再涨的时候就应该卖掉。自动交易系统的核心就是自动交易算法，而数据挖掘技术为自动交易算法提供了技术支持。基于数据挖掘技术的自动交易算法已经被学术界开发使用，并在业界有着广泛的应用价值。

1.2.3 保险及其他数据挖掘

1. 交叉销售

保险交叉销售是一种借助 CRM（客户关系管理）发现顾客的多种需求，并通过满足其需求而销售多种相关服务或产品的新兴营销方式。通过使用数据挖掘方法，特别是关联规则，可以发现客户购买产品的关联与偏好，为客户关系管理提供有效的分析工具。

2. 欺诈监测

随着国内保险业的发展，保险欺诈问题日益突出，给保险公司和社会带来了极大危害。因此，研究保险欺诈监测与防范具有重要意义。利用数据挖掘方法，分析并确定欺诈行为的特征，从而对保险欺诈行为进行实时监测和预警，这对保险业的健康有序发展有着重要的应用价值。

3. 智能定损

保险公司收取保费后，在标的出险时需要及时进行理赔服务。由于标的具有差异性，为标的的精准赔付带来了困难。利用数据挖掘技术，可以挖掘已有标的的定损规律，从而对标的损失进行精确估计和预测，为保险智能定损提供了有效的分析工具。

1.3 金融数据挖掘的过程

1.3.1 金融数据挖掘的一般步骤

金融数据挖掘遵循数据挖掘的一般步骤，但由于金融数据具有复杂性、多样性、动态性等特征，使得金融数据挖掘更加困难。在进行金融数据挖掘时，应确定每一步做什么、达到什么目标，以利于调控整个过程的实施和促进最终的成功。但是，由于任务及算法的不同，每一种数据挖掘算法都有不同的特点和实现步骤。根据具体问题的应用情况，需要采取不同的数据挖掘方法。因此，对于金融数据挖掘而言，并没有一个统一、通用的过程模型来描述这个流程究竟应有哪些步骤。这方面的过程模型有很多，如 SPSS 提出的 5A 法，即访问（Access）、分析（Analyze）、评估（Assess）、行动（Action）、自动化（Automate）；SAS 提出的 SEMMA 法，即抽样（Sample）、探索（Explore）、建模（Model）、修正（Modify）、评估（Assess）；数据挖掘特别兴趣小组（Special Interest Group，SIG）提出的"跨行业数据挖掘过程标准"（Cross - Industry Standard Process for Data Mining，CRISP - DM）；以及专业数据挖掘技术咨询公司 Two Crows 提出的模型。在这些过程模型中，最为权威的是 CRISP - DM 模型，它是目前业界最权威的行业标准。

1999 年，SIG 组织开发并提炼出了 CRISP - DM 模型，并将其运用在保险领域企业的大规模数据挖掘项目中。2000 年，CRISP - DM 1.0 版正式推出，把数据挖掘过程中必要的步骤都进行标准化。通过近几年的不断发展，CRISP - DM 模型在各种 KDD 过程模型中占据领先位置，采用率接近 60%（Cios and Kurgan，Trands in data mining and knowledge discovery，2005）。

CRISP - DM 模型把一个数据挖掘项目的生存周期定义为六个阶段（Phase）和四个层次（Level）。六个阶段指：商业理解（Business Understanding）、数据理解（Data Understanding）、数据准备（Data Preparation）、建立模型（Modeling）、模型评估（Evaluation）和结果部署（Deployment）。这六个阶段并非完全遵循顺序执行，而是会根据实际情况和具体应用环境做出必要调整。通过反复迭代和不断完善，才能做好一个具体的数据挖掘项目。

1. 商业理解

商业理解阶段从商业的角度理解项目目标，从业务的角度理解需求，然后将获得的知识转化成数据挖掘问题的定义，并设定一个达成目标的初步计划。

2. 数据理解

数据理解阶段从收集初步的数据开始，通过各种活动来熟悉数据，识别数据的质量问题，发现数据的内部属性，或假设隐含的信息来探测出引起兴趣的数据子集。

3. 数据准备

数据准备阶段包含从未处理数据中构造最终数据集合（作为建模输入）的所有活动。在这个阶段，任务很可能要执行多次，并且没有任何规定的顺序。任务包括表、记录属性的选择以及用模型工具对数据进行转换和清洗。

4. 建立模型

在建立模型阶段，选择和应用不同的建模技术，将模型参数调整到最优数值。通常而言，同一个数据挖掘问题类型可能有几种可用的技术，有些技术能解决一类相同的数据挖掘问题，某些技术则在数据形式上有特殊的要求，因此，往往要返回到数据准备阶段。

5. 模型评估

在进入这个阶段时，已从数据分析的角度上建立了一个有着高质量外观的模型。但在最终部署模型之前，需要更彻底地评估模型、检验模型执行的步骤并确保其达到原先给出的商业目标。这个阶段的目的在于确定是否有关键的重要商业问题没有被充分考虑。这个阶段结束后，数据挖掘的结果会被判定是否可以投入使用。

6. 结果部署

需要注意的是，模型的建成并不意味着项目的结束。模型的目的是从数据中获取知识，而所获得的知识需用一种便于用户使用的方式来组织和展现。根据需求，这个阶段可以简单地生成一份报告，也可以实现一个复杂的、可重复的数据挖掘过程。在很多情况下，这一阶段将由客户而不是分析员来承担部署工作。

四个层次指的是阶段（Phase）、一般任务（Generic Task）、专项任务（Specialized Task）和流程实例（Process Instance）。每个阶段由若干一般任务组成，每个一般任务又实施若干专项任务，每个专项任务又由若干流程实例来完成。其中，阶段和一般任务这两层独立于具体数据挖掘方法，涉及的是一般数据挖掘项目都需实施的步骤，它们结合具体的数据挖掘项目"上下文"，将其映射到下两层的具体任务和过程中去。所谓项目的"上下文"，指的是与项目开发关系密切并且需综合考虑的关键问题，如应用领域、数据挖掘问题类型、数据挖掘技术难点、数据挖掘工具及其提供的技术等。

1.3.2　数据挖掘工具与软件

选择合适和高效的数据挖掘工具和软件，对数据挖掘项目是否能成功以及完成质量有至关重要的影响。根据适用范围的不同，数据挖掘工具可分为专用数据挖掘工具和通用数据挖掘工具两类。

专用数据挖掘工具针对某个特定领域的问题提供解决方案。在算法设计阶段，专用数据挖掘工具会针对数据特征、需求的特殊性进行充分考虑，做出适应性优化，使最终的数据挖掘模型更适用于当前问题的领域。专用挖掘工具的针对性很强，一般只适用于某种应用，不具有普适性。但正是因为这个特点，它对某个领域的特殊数据有很强的处理能力，能实现特殊的目的，发现知识的可靠性也较高。

通用数据挖掘工具较专用数据挖掘工具有更强的普适性，它采用通用的挖掘算法，处理的对象是常用的数据类型，而不对具体数据的含义做区分。用户在使用通用数据挖掘工具的时候，可以根据自己应用的不同需求来选择挖掘什么、用什么来挖掘。

接下来介绍三种常用的数据挖掘工具和软件。

1. Intelligent Miner

这款数据挖掘软件是由美国 IBM 公司开发，分别面向数据库（Intelligent Miner for Data）和文本信息（Intelligent Miner for Text）进行数据挖掘的软件系列。前者适用于对传统数据库、数据仓库、数据中心或普通文件中结构化数据包含的隐含信息进行挖掘，已经在市场分析、诈骗行为监测及客户联系管理等领域获得成功应用；Intelligent Miner for Text 允许企业从文本信息进行数据挖掘，这里指的文本数据源可以是 Web 页面、在线服务、传真、电子邮件、Lotus Notes 数据库、协定和专利库等。

2. SPSS Clementine

SPSS Clementine 是一款面向商业需求的专业数据挖掘软件。它支持上文所提到的 CRISP - DM 数据挖掘行业标准。Clementine 可以很好地结合商业技术，支持将数据获取、转化、建模、评估到最终部署的整个数据挖掘过程贯穿于业务流程的始终，快速建立预测性模型并应用于商业活动，帮助人们改进决策过程，不但缩短了投资回报周期，还极大地提高了投资回报率。

3. WEKA

WEKA，全称为怀卡托智能分析环境（Waikato Environment for Knowledge Analysis），是一款与 SPSS Clementine 相对应的、免费的、非商业化的、基于JAVA环境下开源的机器学习以及数据挖掘软件。作为这样一个开源数据挖掘工作平台，WEKA 集合了大量能承担数据挖掘任务的机器学习算法，可以对数据进行预处理，实现对分类、聚类、关联规则、回归等方法的应用以及在新交互式界面上的可视化。

1.4　本章小结

本章首先简要介绍了金融领域进行数据挖掘的必要性和可行性；其次，给出了金融数据挖掘的主要应用领域；最后，详细介绍了金融数据挖掘的过程，就金融数据挖掘的一般步骤和应用软件进行了说明。

参考文献

[1] 马超群，兰秋军，陈为民. 金融数据挖掘 [M]. 北京：科学出版社，2007.

[2] 梁循. 数据挖掘原理与方法 [M]. 北京：北京大学出版社，2008.

第 2 章 数据挖掘的原理、方法与技术

2.1 数据挖掘概述

近一个世纪以来，由于计算机以及通信技术的发展和普及，信息在人类社会的发展和进步中占据了举足轻重的地位。个人电脑的普及、存储媒介和电子设备的发展，使得以往转瞬即逝的信息如今可以方便、快捷且长期地存储。庞大的信息以铺天盖地之势迎面袭来，充斥着生活的每个角落，信息量以指数形式呈爆炸式增长，信息化已成为社会前进的标识。每天来自各个商业活动、社会运作、科研工程以及其他方面的大量数据不断注入计算机网络以及数据存储设备。由于信息在各行各业中的不可或缺性，如何从中获取、挖掘出有用的内容便成为当今研究的热点。几乎所有信息的原始形态都是以数据的形式呈现的，如果说数据是对现实情况的记录，那么信息则是构成数据的基础。当数据量极度增长的时候，如果不能通过有效的计算机或信息技术的帮助，从中提取出有价值的信息和知识，那么即使数据再丰富多彩，也无法得到很好的理解和应用。这就是当前业界面临的"丰富的数据，贫乏的知识"（Data Rich & Knowledge Poor）的尴尬局面。数据量的飙升意味着人们需要理解的信息量比例增大，当人们对数据信息的理解赶不上它自身的飞速发展时，认知与数据之间的鸿沟就会越来越大。面对数据存储设备中的海量数据，如何从大量繁杂冗余的数据中发现有价值的信息并将其转化成有组织、有意义的知识，就成了学科研究的重要课题。正是由于这种需求，数据挖掘诞生了。

数据挖掘（Data Mining，DM），是指从隐性的、过去未知的、潜在有用的数据中萃取信息的过程。数据挖掘也是数据库中知识发现（Knowledge Discovery from Database，KDD）的一个重要步骤。它的概念最早于 1995 年在美国计算机年会（ACM）上提出。数据挖掘的思想，在于将数据从数据库中提取、

转换成具有一定格式的数据形式，并从中寻找出某些特定的数据规律或是数据模式。通过这些模式和规律，可以对未来的数据进行一定程度的模拟和预测。但是这个过程仍存在许多问题，譬如，通过挖掘数据所发现的规律或模式可能相当的平庸无奇，不具利用和推广价值；也有一些挖掘出来的规律或模式不具普适性，是当前特定数据库中的特殊产物，具有巧合性，因此不能应用于其他数据库中的数据集。也就是说，真实的数据总是不完美的——有的数据会被歪曲，有的数据甚至是部分缺失的。事实上，并不存在这样一种规则，它能适用于所有的案例。但这并不意味着寻找规则的行为是无用的。当算法足够强健时，它就能够处理大量不完美的数据，并提取出适用于特定范围内的有价值的规律。

上一章已经介绍过，SIG 将数据挖掘的一般步骤总结为 CRISP – DM 模型，从技术角度来看，数据挖掘需要进行数据预处理、数据仓库的建立、数据挖掘方法的运用、数据挖掘结果的评估等过程，下面几节将详细介绍。

2.2 数据预处理

在现实世界中，大部分数据往往是有噪声的、不一致的或是有缺失的"脏数据"，如果直接在这些原始数据的基础上进行数据挖掘，会导致结果失败或是取得不理想的挖掘结果。根据数据挖掘的需求，将相关的多元数据集成之后，需要进行一系列的数据处理操作以提高整体数据质量。数据质量包括数据的正确性（Correctness）、一致性（Consistency）、完整性（Completeness）以及可靠性（Reliability）。如果在数据挖掘前能对原始数据做一定的预处理操作，可以有效地提高数据挖掘质量并缩短挖掘操作时间。

数据预处理（Data Preprocessing），指的是在进行数据挖掘之前，对原始数据进行数据清洗、数据集成、数据变换和数据规约等一系列处理工作，从而提高数据挖掘的质量以达到更好的挖掘效果。

2.2.1 数据清洗（Data Cleaning）

数据清洗也称数据清理，目的是将原始数据的格式进行标准化，清除异常数据、纠正错误数据以及清除重复数据。数据清洗是数据准备过程中最费时乏味但又非常关键的一步。做好最初的数据清理工作，有利于减少后期学习过程中可能出现的互相矛盾的情况。

1. 含噪声数据

噪声指的是被测量变量的随机误差或方差，目前应用较广的技术是数据平滑法。

（1）分箱（Binning）。通过考察近邻数据节点的属性值进行局部数据平滑。

（2）回归。可以用回归函数拟合数据对数据进行平滑处理。

（3）聚类。通过聚类，可以将类型相近的数据聚成群或簇，从而发现落在簇集之外的离群点（即孤立点数据）。

需要注意的是，对于发现的离群点（孤立点数据），不能直接采取删除的方式，因为有的离群点可能具有某些特殊的意义、包含重要的潜在知识，因此应将这些特殊节点数据先放入数据库，等待后期处理。当使用专业知识检测并确认其无意义后，才可进行删除。

2. 缺失数据

（1）忽略元组。

（2）使用一个全局变量或属性的平均值来填充缺失值。

（3）使用同类样本的属性均值填充缺失值。

（4）使用最有可能的值填充缺失值。如使用回归方法或使用基于推导的贝叶斯方法或判定树等对数据的部分属性值进行修复。

（5）用最邻近方法填充缺失值。若数据属于时间局部性缺失，可采用近阶段数据的线性插值法进行修复；若时间较长，则应根据整体的历史数据情况恢复丢失数据；若数据属于空间性局部缺损，则应根据周围节点的信息进行修复，并作出备注和说明。

3. 不一致数据

在清洗过程中，应当警惕编码使用不一致和数据表示不一致导致的后期问题。

4. 错误数据

对于本身带有错误的数据元组，应根据实际情况进行分析、调整、删除或忽略。

2.2.2 数据集成

数据集成是将多个数据源中的数据结合起来放入一个一致的数据存储中的技术与过程。其中，数据源一般指数据库、数据立方体或一般文件，而数据存储指的是数据仓库。

由于学科的不同，数据挖掘所涉及的数据规则和理论依据也不同，同时数据的形式也会不一样。数据集成往往需要将数据转化成适合挖掘的形式，并针对不同的数据做不同的集成处理，同时还要考虑如模式集成和对象匹配、属性冗余以及数据值冲突的检测与处理等问题，因此它是数据预处理过程中较困难但很重要的一个环节。

2.2.3 数据变换

数据变换指的是采用线性或非线性的数学变换方法压缩数据维度，将数据转换或统一成适合挖掘的过程。通过将多维数据压缩成维度较少的数据，可以消除其在空间、时间、属性以及精度等特征表现方面的差异。虽然随着维度的削减，原始数据所包含的信息可能会受到损害。但是通过数据变换，挖掘的效率往往能大幅提高，这个实用价值远远超过了数据维度削减所带来的损害。

常用的数据变换方法有如下五种。

1. 数据平滑

这个方法的主要目的是去掉数据中的噪声，将连续数据离散化，增加数据粒度。

2. 数据聚集

该方法的主要目的是对数据进行汇总或聚集。常用于为多粒度数据分析构造数据立方体。

3. 数据泛化

使用概念分层，用较高层次的概念替代低层数据（包括原始数据），从而减少数据复杂度。譬如对于年龄（Age）变量而言，用年轻（Young）、中年（Mid – age）、老年（Senior）这三个层次来概括并代替具体的年龄数值。即使在泛化以后会导致数据细节丢失，但泛化概括出来的结果可能更利于后续的挖掘工作。

4. 数据规范化

将属性数据进行规范化，意味着将某个属性的所有数值映射到一个特定的区间，如 [0, 1]、[-1, 1] 等。常用的规范化方法有：最小—最大规范化、Z-score 规范化（即零—均值规范化）以及按小数定标规范化等。通过数据规范化，可以将值域跨度过大或过小的属性取值规范在一个较小的区间，有助于不同值域属性间的对比。

5. 属性构造（又称特征构造）

属性构造指的是在给定的属性集基础上构造新的属性并将其添加到属性集中，以帮助后续挖掘操作的过程。有时候通过属性构造可以发现丢失或未发现的数据属性间联系的信息，有助于提高准确率以及对高维数据结构的理解，从而有助于知识的发现。

具体采用哪种或哪几种变换方法，应根据实际挖掘问题所涉及数据集的属性特点来进行选择。

2.2.4　数据规约

数据规约，指的是在保持数据完整性的基础上，对数据属性进行相关处理，减少数据存储空间，获得比原始数据小很多的数据，并使其符合挖掘要求。经过数据规约处理得出的数据集能节省后期数据挖掘的时间，使挖掘过程变得更有效。

数据规约的方法可分为如下五种。

1. 数据立方体聚集

数据立方体（Data Cube），是多维数据模型的形象化表示。顾名思义，数据立方体是用来存储多维数据的一个容器。数据立方体中每一个单元存放一个聚集值。它可实现对预计算的汇总数据进行快速访问，适合联机数据分析处理（如 OLAP）和数据挖掘。

2. 属性子集选择

属性子集选择方法是通过删除不相关或者冗余的属性，来减少数据集大小的过程。通过选择得出的最小属性集，能够在很大程度上代表筛选前的数据集，其中数据类的概率分布非常接近使用所有属性得到的原分布。

属性子集选择的方法主要包括：逐步向前选择、逐步向后删除、向前选择和向后删除结合、决策树归纳法等。

3. 维度规约

维度规约指的是通过使用编码机制来减小数据集的规模。比较有效的方法主要是小波变换和主成分分析。

4. 数值规约

数值规约指的是使用替代的或较小的数据来减小数据量。常用的集中数据规约技术有回归和对数线性模型、直方图、聚类、抽样等。

5. 数据离散化与概念分层

数据离散化指的是通过将属性数值划分成不同的区间，从而把连续属性值变成离散区间属性，得到较少的数据集。通过这种用少数区间标记、替换连续属性值的方法，有利于"压缩"原来的数据集，使挖掘结果更加简洁、易用和易懂。

而对于某一个属性，它可能有多个概念分层，是这个属性的一个离散化。通过收集较高层概念并用其替代低层概念，概念分层可以用于规约数据。

数据离散化和概念分层的产生是数据挖掘强有力的工具，允许挖掘多个抽象层的数据。

2.3 数据仓库的建立

2.3.1 数据仓库简介

数据仓库（Data Warehouse，DW），是近年来兴起的一种高层管理的新型数据库技术。数据仓库之父——William H. Inmon，在其1991年出版的《建立数据仓库》（*Building the Data Warehouse*）一书中，将数据仓库定义为一个面向主题的（Subject Oriented）、集成的（Integrated）、相对稳定的（Non‐Volatile）、反映历史变化（Time Variant）的数据集合，用以支持经营管理中的决策制定过程（Decision Making Support）。

传统的数据库技术一般以单一数据库为中心，进行诸如事务处理、批处理、决策分析等数据处理操作。根据其不同的目的，主要划分为操作型处理和分析型处理两大类。数据库技术的飞速发展使其广泛应用在信息技术领域的各个方面，同时令企业的日常事务处理工作变得简单快捷。但面对企业日益增长的业务数据决策分析需求，传统的数据库技术由于难以实现对数据的分析处理，已经无法满足数据处理多样化的需求。

数据仓库将分散在各个不同数据库系统（Database System，DBS）中的数据安全、平稳、有效地集成到一个共同的平台上，并对数据进行再加工，形成了一个综合的、面向分析的环境，从而更好地支持决策分析。而建立在数据库系统基础上的数据仓库，实现在数据库系统之上的高层管理、智能管理以及知识管理，已成为目前实现数据挖掘和支持高层管理决策分析的目标。

根据定义，数据仓库有以下四个特点：面向主题、集成、相对稳定和能反映历史变化。

1. 面向主题（Subject Oriented）

相较于操作性数据库中数据组织面向事物处理任务，数据仓库中的数据是按照一定的主题域对数据进行组织的。前者业务系统之间是相互分离的，而后者根据用户需求的侧重点不同，对数据组织进行不同的设计，因此一个主题域通常会涉及多个操作型系统，并没有将不同的系统相互剥离。以银行为例，一个银行的操作系统一般会将用户的存款、贷款和其他交易信息单独存储，而数据仓库则将这些数据组织在一起，从而提供每个用户整体的财务信息。

2. 集成（Integrated）

数据仓库的数据在入库之前分散在各个数据库系统中，在经历了抽取、清理、系统加工、汇总和整理后，才被放入最终的数据仓库中。一系列的再加工操作消除了原始数据中的不一致，从而保证了最终数据仓库中的信息是整个企业统一、一致的全局信息。

3. 相对稳定（Non – Volatile）

数据仓库的相对稳定，又称数据仓库的不可更新性。与传统数据库有大量的修改、更新操作不同，数据仓库中一般只有大量的数据查询操作，修改和删除操作很少——这意味着一旦数据进入数据仓库，一般情况下将会被长期保留。因为数据仓库中的数据面向的是企业决策、分析的需求，不允许频繁地更改，只需定期进行加载和刷新。

4. 反映历史变化（Time Variant）

所谓反映历史变化，是指数据仓库中的数据通常包含企业从过去某一时间点到当前各个阶段的历史信息。企业在进行分析决策时往往要根据历史数据所反映的信息进行分析和考虑，需要数据的一致性和连贯性，通过这些数据，可以对企业的未来发展和趋势做出定量的分析和预测。

2.3.2　数据仓库的组成

数据仓库由数据仓库数据库、数据抽取工具、元数据、访问工具、数据集市、数据仓库管理以及信息发布系统七个部分组成。

1. 数据仓库数据库

作为整个数据仓库环境的核心，数据仓库数据库存放所有的数据并支持外界对其检索。较传统操纵型数据库而言，它的突出特点是能支持对海量数据的快速检索。

2. 数据抽取工具

数据抽取工具（ETL）将数据从不同存储设备中提取（Extract）出来，进行转换（Transform）以及加载（Load），再存放到数据仓库内。

目前，典型的 ETL 工具有 Informatica、Datastage、OWB、微软 DTS 等。

3. 元数据

元数据（Meta Data），是描述数据仓库内数据结构和建立方法的数据。按不同的用途可分为技术元数据和商业元数据两种。技术元数据是数据仓库的设计、管理人员用于开发和管理数据仓库时使用的数据，包括数据源信息、数据转换的描述等。而商业元数据则是从业务的角度来描述数据仓库中的数据，如对业务主题的描述等。

元数据为访问数据仓库提供了一个信息索引，它全面描述了数据仓库中的数据表征、数据来源以及数据访问方式等。

4. 访问工具

访问工具的目的是为用户访问数据仓库提供有效的手段。访问工具包括数据查询和报表工具、应用开发工具、经理信息系统（EIS）工具、联机分析处理（OLAP）工具和数据挖掘工具等。

5. 数据集市

数据集市（Data Marts），又称部门数据或主题数据，是为了迎合特定的应用目的或范围而从数据仓库中独立出来的一部分数据。

18

6. 数据仓库管理

数据仓库管理包括对安全和特权的管理、对数据更新的跟踪、对数据质量的检查、备份和恢复、存储管理等。

7. 信息发布系统

信息发布系统的主要功能是将数据仓库中的数据或其他相关数据发送到不同的地点或用户。

2.3.3　数据仓库的设计、建立及测试

整个数据仓库的构建过程包括数据仓库的设计、数据仓库的建立以及数据仓库的测试三个阶段。其中每个阶段下又分成若干个子步骤。接下来将详细阐述每个阶段下的不同步骤及具体内容。

（一）数据仓库的设计

1. 选择主题内容

根据用户的需求选择数据仓库的主题内容。由于数据仓库是面向主题组织存储的，因此数据仓库设计的第一步就是选择合适的主题。

2. 确定如何表达事实表

事实表是存储指标的地方，是维数设计中用到的大型集中表，具多元键。事实表中包含数字数据，即所谓的事实，可以汇总提供有关单位运作历史的信息。每个数据仓库都有一个或多个事实表。

3. 识别并确认维度

维度，又称级别，是一个分类的、有组织的层次结构。它用于描述数据仓库事实表中的数据。维度通常用于描述一个成员的相似集合，用户在该集合的基础上进行分析。维度是多维数据集的基本组件。

4. 选择事实

事实是包含在事实表中的数字数据，可以汇总以提供有关单位运作历史的信息。选择事实的同时需要确定合适的计量单位或指标。合理地选择事实，是数据仓库建模的基础。

5. 计算并存储事实表中的衍生数据段

在数据仓库中的数据是海量的，若当查询行为发生时才对相关数据进行计算或汇总，会花费大量额外的时间。因此，事先对事实表中的数据进行处理、

计算，并将这些衍生数据段存储在事实表中，有助于提高查询的响应时间和效率。

6. 找出维度表

维度表包含描述事实表中记录的特性。其中，每个表都包含独立于其他维度的事实特性。

7. 选择数据库的持续时间

数据仓库中的数据是随时间变化而不断更新的。每隔一段时间，OLTP的数据就会被存储到数据仓库中，因此必须根据实际的需要选择存储转移的时间和频率。

8. 跟踪变化缓慢的维度

由于数据仓库的相对稳定性，绝大部分的维度都是稳定的、基本不变的。即使维度会发生变化，变化的速度往往也很缓慢。在整个过程中，需要跟踪变化缓慢的维度，并且对维度作修改。

9. 决定查询优先级和查询模式

数据仓库设计的最后一个阶段，就是制定数据仓库的信息传递策略。根据用户不同的需求提供不同的查询优先级别和模式选择，以利于服务的多样化和个性化。

（二）数据仓库的建立

1. 收集和分析业务需求

项目是由业务所驱动的，业务决定了需求，因此需求分析的正确与否关系到项目最终的成败。剖析用户单位整体的业务流程，收集、分析并明确用户需求，有助于明确系统边界，确定主要的主题域。

2. 建立数据模型和数据仓库的物理设计

数据仓库的结构采用三级数据模型：概念模型、逻辑模型和物理模型。其中，概念模型是由企业决策者、商务领域知识专家和IT专家共同根据需求分析得出的结果；逻辑模型根据分析系统的实际需求决策构建数据库逻辑关系模型，定义了数据库数据结构及其关系；物理模型构建了数据仓库的物理分布模型，主要包含数据仓库的软硬件配置、资源情况以及数据仓库模式。数据仓库的物理设计主要是对数据存储结构、索引策略等的设计。

3. 定义数据源

数据源是整个数据仓库系统的基础。数据源通常涵盖企业所有的内部信息和外部信息。其中内部信息主要是各种业务处理数据和各类文档数据，而外部信息主要包括了各类法律法规、市场信息和竞争对手的信息等。因此建立数据仓库的开始，应该对整体数据源进行明确和定义，才能在数据源的基础上进行后续的工作。

4. 选择数据仓库技术和平台

根据企业性质和业务需求，选定合适的数据仓库技术和平台，对后续数据进行操作。

5. 从操作型数据库中抽取、净化和转换数据到数据仓库

在明确了数据源，确定合适的数据仓库技术和平台以后，将原始数据从操作型数据库中提取出来，经过一系列的清洗（即净化）、转换等再加工操作以后，放入最终的数据仓库中。

6. 选择访问和报表工具

根据用户使用数据仓库的需求，选择合适的访问和报表工具，为其访问数据仓库提供高效、快捷的手段。

7. 选择数据库连接软件、数据分析和数据展示软件

合适的数据库连接软件有助于提高使用效率、减少操作时间。进行数据分析后，以展示的方式显示并反馈给用户。

8. 更新数据仓库

定期更新数据仓库是一个必要且关键的长期过程。

(三) 数据仓库的测试

1. 分析源文件

测试数据仓库部署时，需要对相关的说明文件、测试开发与执行的详细资料以及其他相关的技术文件等源文件进行分析，从而全面了解数据来源、如何对数据进行操作以及数据存储到哪里等问题，从而保证后期测试策略的顺利进行。

2. 开发策略和测试计划

在对源文件进行全面分析之后，根据实际情况选择不同的测试策略以及测试方式。如增量测试法，可以实现早期缺陷的检查，使得后期调试变得简单，

同时有助于在开发与测试周期中建立详细的过程。

3. 测试的开发与执行

无论测试动作发生在开发之前还是之后，都要根据上行需求来决定过程。如果项目情况变动频繁，早期进行的测试开发就有很大可能被废弃。针对这种情况，进行实时的整合测试开发和执行过程通常会更有效果。

2.4　数据挖掘方法

2.4.1　分类

在所有数据挖掘技术中，分类和回归是应用极其广泛的。分类是一种比较重要的数据分析手段，其目的是利用已有的观测数据，通过分析观测数据的特征，来构造一个分类器。所谓分类器就是数据分类的模型，利用该模型，可以将任何未知的数据对象进行分类。分类与回归又是不同的数据分析形式，分类方法预测输出的是数据对象的离散类别，而回归方法预测输出的是数据对象的连续取值。

本节我们将重点学习分类的基础技术，会依次介绍决策树分类方法、贝叶斯分类方法、k – 近邻分类方法，还将简要介绍其他相关的分类方法（如神经网络分类方法、遗传算法分类方法、支持向量机），并对分类模型的性能评价方法进行简要介绍。

一般分类方法包含两个主要阶段。第一阶段是构建分类模型，用于描述给定的数据集合，通过分析由属性描述的数据集合来建立反映数据集合特性的模型。这一步也称为有监督的学习，导出模型是基于训练数据集的，训练数据集是已知类标记的数据对象。训练数据集一般由为建立模型而被分析的数据元组形成。训练数据集中的单个元组称为训练样本，每个训练样本有一个类别标记。一个具体的样本形式可以为：$(V_1, V_2, \cdots, V_n; C)$，其中 V_i $(i=1, 2, \cdots, n)$ 表示属性值，C 表示类别。测试集主要用于评估分类模型的准确率。

第二阶段就是使用已构建的模型来预测给定的数据对象的类别。首先应该评估一下模型的分类准确度，如果模型的准确度可以接受，就可以用它来对未知类标记的数据对象进行分类。

1. 决策树分类方法

决策树分类（Decision Tree）是以样本为基础的归纳学习方法。决策树的表现形式是类似于流程图的树结构，在决策树的内部节点进行属性值测试，并根据属性值判断由该节点引出的分支，在决策树的叶节点得到结论。内部节点是属性或者属性的集合，而叶节点代表样本所属的类或类分布。经由训练样本集产生一棵决策树后，为了对未知样本集进行分类，需要在决策树上测试未知样本的属性值。测试路径是由根节点到某个叶节点，叶节点代表的类就是该样本所属的类。

2. 贝叶斯分类方法

贝叶斯分类是利用统计学的贝叶斯定理，来预测类成员的概率，即给定一个样本，计算该样本属于一个特定的类的概率。贝叶斯分类的主要算法包括朴素贝叶斯分类算法、贝叶斯网络分类算法等。其中，朴素贝叶斯分类算法以其简单的结构和良好的性能得到人们的普遍关注。

朴素贝叶斯分类（Naive Bayes Analysis, NBC），假设每个属性之间都是相互独立的，并且每个属性对非类问题产生的影响都是一样的，即一个属性值对给定类的影响独立于其他属性的值。

贝叶斯定理（Bayes' theorem），是概率论中的一个结果，它跟随机变量的条件概率以及边缘概率分布有关。通常来讲，事件 A 在事件 B 发生的条件下的概率，与事件 B 在事件 A 发生的条件下的概率是不一样的，然而，这两者有确定的关系，贝叶斯定理就是这种关系的陈述。

贝叶斯定理是关于随机事件 A 和事件 B 的条件概率和边缘概率的一则定理。

$$P(A|B) = \frac{P(B|A)\ P(A)}{P(B)} \qquad (2.1)$$

式（2.1）中，$P(A|B)$ 是在 B 发生的情况下 A 发生的可能性。在贝叶斯定理中，每个名词都有约定俗成的名称：$P(A)$ 是 A 的先验概率（也称边缘概率），之所以称之为先验，是因为它不考虑任何 B 方面的因素。$P(A|B)$ 是已知 B 发生后 A 的条件概率，也因得自 B 的取值而被称作 A 的后验概率。$P(B|A)$ 是已知 A 发生后 B 的条件概率，也因得自 A 的取值而被称作 B 的后验概率。$P(B)$ 是 B 的先验概率或称边缘概率，也称作标准化常量。按照这些术语，贝

叶斯定理可以表述为：后验概率 =（相似度×先验概率）/标准化常量，也就是说，后验概率与先验概率和相似度的乘积成正比。另外，$P(B|A)/P(B)$ 有时也被称作标准相似度，所以贝叶斯定理可表述为：后验概率 = 标准相似度×先验概率。

3. k - 近邻分类方法

k - 近邻分类方法不是事先通过数据来学好分类模型，再对未知样本分类，而是存储带有标记的样本集，给一个没有标记的样本，用样本集中 k 个与之相近的样本对其进行即时分类。由于没有事先学习出模型，所以把它称作基于要求或懒惰的学习方法。这是一种基于示例的学习方法，一种基于类比的学习方法。k - 近邻就是找出 k 个相似的实例来建立目标函数逼近。这种方法为局部逼近，复杂度低，不失为一个好方法。

k - 近邻基本思路：首先，存储一些标记好的样本集；其次，要有一个未知类的样本用来对其分类；再次，逐一取出样本集中的样本，与未知类样本相比较，找到 k 个与之相近的样本，用这 k 个样本的多数的类（或类分布）为未知样本定类；最后，在样本集为连续值时，用 k 个样本的平均值为未知样本定值。

2.4.2 回归分析

"回归"问题最早来源于生物界，英国生物学家兼统计学家高尔顿（Galton，1822 ~ 1911）发现同一种族中儿子的平均身高介于其父亲的身高与种族平均身高之间。儿子的身高有回归于种族平均身高的趋势。

回归分析是指对具有相关关系的现象，根据其关系形态，选择一个合适的数学模型，用来近似地表示变量间的平均变化关系的一种统计方法。也可以说回归分析是研究一个变量关于另一个（些）变量的具体依赖关系的计算方法和理论。

（一）线性回归

两个变量之间的相关系数能表明两者之间关系的密切程度，但无法用一个变量去估计另一个变量。回归分析则可做到这一点，用自变量去估计或预测因变量。回归分析首先要区分自变量和因变量，自变量是"因"，因变量是"果"，然后建立一个方程去描述这个因果关系，即要找出两者之间关系的数学表达式，这就是一元线性回归。

1. 一元线性回归

一元线性回归涉及一个自变量的回归，因变量 y 与自变量 x 之间为线性关系，我们把被预测或被解释的变量称为因变量（Dependent Variable），用 y 表示；用来预测或解释因变量的一个或多个变量称为自变量（Independent Variable），用 x 表示。因变量与自变量之间的关系用一个线性方程来表示

$$y = b_0 + b_1 x \tag{2.2}$$

式（2.2）中，我们称 b_0 和 b_1 为回归系数，分别对应着直线的 Y 轴截距和斜率，y 的方差可以假定为常数，模型中的参数可以用最小二乘法进行估计，设 S 是训练数据集，由预测变量 x 的值和它们相关联的响应变量 y 的值组成。训练数据集中包含了 n 个形如 (x_1, y_1)，(x_2, y_2)，$\cdots$，(x_n, y_n) 的数据点。其中，回归系数可以用式（2.3）估计得到：

$$b_1 = \frac{\sum_{i=1}^{n}(x_i - \bar{x})(y_i - \bar{y})}{\sum_{i=1}^{n}(x_i - \bar{x})^2}$$

$$b_0 = \bar{y} - b_1 \bar{x} \tag{2.3}$$

式（2.3）中，$\bar{x}$ 是 x_1，x_2，$\cdots$，x_n 的均值，而 $\bar{y}$ 是 y_1，y_2，$\cdots$，y_n 的均值。

2. 多元线性回归

多元线性回归分析也称复线性回归分析（Multiple Linear Regression Analysis），它研究一个自变量如何直接影响一个因变量。即一个变量的变化直接与另一组变量的变化有关，如人的血压值与年龄、性别、劳动强度、饮食习惯、吸烟状况、家族史等有关。

假定因变量 Y 与自变量 X_1，X_2，$\cdots$，X_m 间存在如下关系

$$Y = \beta_0 + \beta_1 X_1 + \beta_2 X_2 + \cdots + \beta_m X_m + \varepsilon \tag{2.4}$$

式（2.4）中，β_0 是常数项，β_1，β_2，$\cdots$，β_m 称为偏回归系数（Partial Regression Coefficient）。β_i（$i = 1, 2, \cdots, m$）的含义为在其他自变量保持不变的条件下，自变量 X_i 改变一个单位时因变量 Y 的平均改变量。ε 为随机误差，又称残差（Residual），它表示 Y 的变化中不能由自变量 X_i（$i = 1, 2, \cdots, m$）解释的部分。

（二）非线性回归

在前面我们所讨论的问题中，都是假定因变量与解释变量之间存在着线性关系，由此建立线性回归模型进行线性回归分析。这里所说的线性是指：①解释变量线性；②参数线性。但是，在众多的经济现象中，分析经济变量之间的关系，根据某种经济理论和对实际经济问题的分析所建立的经济模型往往不符合线性要求，即模型是非线性的，称其为非线性模型（Non – Linear Model）。

1. 可化为线性模型的非线性回归模型

对于变量之间是非线性的，但参数之间是线性的模型，可以利用变量代换的方法将模型线性化。下面列举在讨论经济问题时常遇到的几种非线性函数模型，进行变量代换后化为线性模型。

2. 不可化为线性模型的非线性回归模型

我们前面讨论了非线性回归模型经过变量代换化为线性形式，但在许多实际问题中所建立的非线性回归模型非但不是线性的，而且也无法采取变量变换的方法化为线性。例如，模型 $y = \alpha_0 + \alpha_1 x_1^{\beta_1} + \alpha_2 x_2^{\beta_2}$ 无论采取什么方式变换都不可能实现线性化，这样的模型称为不可线性化模型。

2.4.3　聚类分析

聚类分析源于许多研究领域，包括数据挖掘、统计学、机器学习、模式识别等。作为数据挖掘中的一个功能，聚类分析能作为一个独立的工具来获得数据分布的情况，并且概括出每个簇的特点，或者集中注意力对特定的某些簇做进一步的分析。数据挖掘技术的一个突出特点是能处理巨大的、复杂的数据集，这对聚类分析技术提出了特殊的挑战，要求算法具有可伸缩性、可处理不同类型属性、可发现任意形状的类及处理高维数据等。根据潜在的各项应用，数据挖掘对聚类分析方法提出了不同要求。

聚类在数据挖掘中的典型应用有以下三个方面。第一，聚类分析可以作为其他算法的预处理步骤：利用聚类进行数据预处理，可以获得数据的基本概况，在此基础上进行特征抽取或分类可以提高精确度和挖掘效率。也可将聚类结果用于进一步关联分析，以获得进一步的有用信息。第二，可以作为一个独立的工具来获得数据的分布情况：聚类分析是获得数据分布情况的有效方法。通过观察聚类得到每个簇的特点，可以集中对特定的某些簇作进一步分析。这在诸如市场细分、目标顾客定位、业绩评估、生物种群划分等方面具有广阔的应用前景。第三，聚类分析可以完成孤立点挖掘：许多数据挖掘算法试图使孤立点影响最小化，或者排除它们。然而孤立点本身可能是非常有用的，如在金融欺诈探测中，孤立点可能预示着金融欺诈行为的存在。

　　定义： 聚类分析的输入可以用一组有序对 (X, s) 或 (X, d) 表示，这里 X 表示一组样本，s 和 d 分别是度量样本间相似度或相异度（距离）的标准。聚类系统的输出是一个分区如 $C = \{C_1, C_2, \cdots, C_k\}$，其中 C_i（$i = 1, 2, \cdots, k$）是 X 的子集，且满足：

　　① $C_1 \cup C_2 \cup, \cdots, \cup C_k = X$；

　　② $C_1 \cap C_2 = \varnothing$，$i \neq j$。

C 中的成员 C_1，C_2，$\cdots$，C_k 叫做类或簇（Cluster），每一个类或簇都是通过一些特征描述的，通常有如下三种表示方式：①通过它们的中心或类中关系远的（边界）点表示空间的一类点。②使用聚类树中的节点图形化地表示一个类。③使用样本属性的逻辑表达式表示类。

　　用中心表示一个类是最常见的方式，当类是紧密的或各向分布同性时用这种方法非常好，然而，当类是伸长的或各向分布异性时，这种方式就不能正确地表示它们了。

　　聚类分析的目标就是形成数据簇，并且满足下面两个条件：一个簇内的数据尽量相似（High Intra – class Similarity）；不同簇的数据尽量不相似（Low Inter – class Similarity）。

　　衡量一个聚类分析算法的质量，依靠的是相似度测量机制是否合适以及是否能发现数据背后潜在的、手工难以发现的类知识。

　　聚类分析方法根据不同的标准有不同的分类，最常用的是按照聚类分析算法的主要思路归纳为划分法、层次法、密度法、网格法和模型法。其中，划分法（Partitioning Methods）是基于一定标准构建数据的划分，属于该类的聚类方法有：k – means、k – modes、k – prototypes、k – medoids、PAM、CLARA、CLARANS 等。层次法（Hierarchical Methods）是对给定数据对象集合进行层次的分解。密度法（Density – based Methods）基于数据对象的相连密度评价。网格法（Grid – based Methods）将数据空间划分为有限个单元（Cell）的网格结构，基于网格结构进行聚类。模型法（Model – based Methods）给每一个簇假定一个模型，然后寻找能够很好地满足这个模型的数据集。

1. 划分聚类方法

划分聚类方法的主要思想：给定一个有 n 个对象的数据集，划分聚类技术将对数据集进行 k 个划分，每一个划分代表一个簇，$k \leqslant n$。也就是说，它将数据划分为 k 个簇，而且这 k 个划分满足下列条件：

（1）每一个簇至少包含一个对象；

（2）每一个对象属于且仅属于一个簇。

对于给定的 k，算法首先给出一个初始的划分方法，以后通过反复迭代的方法改变划分，使得每一次改进之后的划分方案都较前一次更好。

评价聚类设计函数的一种直接方法就是观察聚类的类内差异（Within Cluster Variation）和类间差异（Between Cluster Variation）。类内差异用来衡量聚类的紧凑性，类内差异可以用特定的距离函数来定义，例如，$w(C) = \sum_{i=1}^{k} w(C_i) = \sum_{i=1}^{k} \sum_{x \in C_i} d(x, \overline{x_i})^2$；类间差异用来衡量不同聚类之间的距离，类间差异定义为聚类中心间的距离，如

$$b(C) = \sum_{1 \leqslant j < i \leqslant k} d(\overline{x_j}, \overline{x_i})^2$$

2. 层次聚类方法

层次聚类方法对给定的数据集进行层次的分解，直到某种条件满足为止。具体又可分为：

（1）凝聚的层次聚类：一种自底向上的策略，首先将每个对象作为一个簇，然后合并这些原子簇为越来越大的簇，直到某个终结条件被满足。

（2）分裂的层次聚类：采用自顶向下的策略，它首先将所有对象置于一个簇中，然后逐渐细分为越来越小的簇，直到达到了某个终结条件。

层次凝聚的代表是 AGNES 算法，层次分裂的代表是 DIANA 算法。

3. 基于密度的聚类方法

基于密度的聚类方法的指导思想是，只要一个区域中点的密度大于某个域值，就把它加到与之相近的聚类中去。这类算法能克服基于距离的算法只能发现"类圆形"聚类的缺点，可发现任意形状的聚类，且对噪声数据不敏感。但密度单元的计算复杂度大，需要建立空间索引来降低计算量，且对数据维数

的伸缩性较差。这类方法需要扫描整个数据库，每个数据对象都可能引起一次查询，因此数据量大时会造成频繁的 I/O 操作。代表算法有 DBSCAN、OP-TICS、DENCLUE 算法等。

4. 其他聚类方法

STING（Statistical Information Grid_based method），是一种基于网格的多分辨率聚类技术，它将空间区域划分为矩形单元。针对不同级别的分辨率，通常存在多个级别的矩形单元，这些单元形成了一个层次结构：高层的每个单元被划分为多个低层的单元。高层单元的统计参数可以很容易地从低层单元的计算中得到。这些参数包括与属性无关的参数 count、与属性相关的参数 m（平均值）、s（标准偏差）、min（最小值）、max（最大值）以及该单元中属性值遵循的分布类型。STING 算法采用了一种多分辨率的方法来进行聚类分析，该聚类算法的质量取决于网格结构最低层的粒度。如果粒度比较细，聚类的质量会显著增加；但如果粒度较粗，则聚类质量会受到影响。

SOM 神经网络是一种基于模型的聚类方法。SOM 神经网络由输入层和竞争层组成。输入层由 N 个输入神经元组成，竞争层由 $m \times m = M$ 个输出神经元组成，且形成一个二维平面阵列。输入层各神经元与竞争层各神经元之间实现全互连接。该网络根据其学习规则，通过对输入模式的反复学习，捕捉住各个输入模式中所含的模式特征，并对其进行自组织，在竞争层将聚类结果表现出来，进行自动聚类。竞争层的任何一个神经元都可以代表聚类结果。

2.4.4　关联规则

关联规则挖掘（Association Rule Mining），是数据挖掘中研究较早而且至今仍活跃的研究方法之一，最早由 Agrawal 等人提出（1993）。最初是针对购物篮分析（Basket Analysis）问题提出的，其目的是为了发现交易数据库（Transaction Database）中不同商品之间的联系规则。关联规则的挖掘工作成果颇丰。例如，关联规则的挖掘理论、算法设计、算法性能以及应用推广、并行关联规则挖掘（Parallel Association Rule Mining）以及数量关联规则挖掘（Quantitive Association Rule Mining）等。关联规则挖掘是数据挖掘的其他研究分支的基础。它是从事务数据库、关系数据库和其他信息存储中的大量数据项集之间发现有趣的、频繁出现的模式、关联和相关性。

1. Apriori 算法

1993 年，Agrawal 等人在 "Mining association rules between sets of items in large database" 提出关联规则方法，奠定了关联规则的理论基础。作为一个数据挖掘领域最有创意的新概念，关联规则方法被广泛使用，成为数据挖掘领域最有影响的独立方法，也使得 Agrawal 成为 Data Mining 界最权威的人士之一。1994 年，Agrawal 等人在 "Fast algorithms for mining association rules in large database" 又提出 Apriori 关联规则算法。Mannila 等人在 1994 年也独立提出类似 Apriori 的算法。从此 Apriori 作为经典，人们围绕它进行了许多研究。

2. Apriori 性质

频繁项集的非空子集都是频繁的项集。如果 $T = \{i_1, i_2, i_3, i_4\}$ 为频繁的项集，也就是说项目集 T 的支持度大于给定的最小支持度，那么 $\{i_1, i_2, i_3\}$，$\{i_1, i_3, i_4\}$，$\{i_2, i_3, i_4\}$，$\{i_1, i_2\}$，$\{i_2, i_3\}$，$\{i_3, i_4\}$，$\cdots$ $\{i_1\}$，$\{i_2\}$，$\{i_4\}$ 支持度都大于给定的最小支持度。如，购买 {面包，牛奶，水果，鸡蛋，蔬菜} 是频繁集，那么 {面包，牛奶，水果} 肯定是频繁集；反过来 {面包，牛奶，水果} 不是频繁集，{面包，牛奶，水果，鸡蛋，蔬菜} 肯定不是频繁集。后面的一些算法就是利用这个性质。

2.4.5 社会网络挖掘

目前，社会网络挖掘法并没有广泛应用于数据挖掘领域。但由于其自身的特点所致，社会网络挖掘法极适合用于在数据节点众多、相互间关系复杂、节点本身属性多样的情势下对其中隐含的信息进行挖掘。接下来简要介绍一下使用社会网络法进行数据挖掘的思想。

网络（Network）指的是各种关联，社会网络（Social Network）是由社会关系所构成的结构。社会网络分析（Social Network Analysis，SNA）问题起源于物理学中的适应性网络，是由社会学家根据数学方法、图论等发展起来的定量分析方法。通过对网络关系进行研究，有助于理清个体间的关系，将微观网络与大规模社会系统的宏观结构结合起来。

构成社会网络的主要因素有：行动者（Actor）、关系纽带（Relational Tie）、二人组（Dyad）、三人组（Triad）、子群（Subgroup）和群体（Group）。

其中，行动者除了可以代表个人，还可以代表群体性的社会单位。每个行动者在网络中被标记为一个节点（Node）。其中，每个节点（行动者）本身带有若干属性（Attribute）或特征（Feature），可用于描述这个节点的情况。关系纽带指的是各个节点之间的关联属性，节点间的关系可以是各个类型的单向或双向联系。不同的节点在相同关系下由于自身的联系可以构成不同的子群，按照人数的不同还可分成二人组、三人组或多人组的群体。

创造性地将社会网络方法应用于数据挖掘领域，即是将所研究的数据源视为一个完整的社会网络，其中的数据被视为一个个独立的节点（即社会网络中的行动者），由于数据间本身有着千丝万缕的联系，整个数据源构成了一个复杂的社会网络。通过使用社会网络中的基本知识和理论，对庞大的原始数据进行关系的挖掘，可以得出许多归纳性的、隐性知识，也就达到了进行数据挖掘的最终目的。

2.4.6　复杂数据挖掘

（一）数据流挖掘

在入侵检测、网络监控、金融服务、电子商务、股票交易等众多领域中，数据以流的形式出现，在短时间内有大量数据到达，这些数据或数据的摘要信息必须按照顺序存取且只能被读取一次，而不能随机存取。这些数据具有典型的时态特性，具有随时间动态变化的趋势。大量相关应用的需求使得流数据挖掘问题受到越来越多的关注。与传统的静态数据相比，数据流具有以下五个特点。

（1）无限快速性。数据流通常是源源不断地快速产生，理论上其长度是无限的，在实际应用中远超过系统所能存储的范围，而传统数据库中的数据主要用于持久存储，其存储量和数据更新次数都相对有限。

（2）不确定性。数据流产生的速度和间隔时间等统计特性事先难以确定，其产生顺序不受外界控制，很有可能数据流的产生速度超出系统所能接受并处理的限度，而传统数据库中的数据规模和处理能力等性能指标通常是已知的。

（3）时变性。数据流随时间而变化，这将引起数据的统计特征也随时间而改变，如数据的方差、分位数、概率分布等，而传统数据库中的数据通常是静态的，一旦存储则很少随时间发生改变。

（4）单遍扫描性。由于数据规模大、增长迅速，对数据流仅限于单遍扫描（One - Scan），即除非特意或显式存储外，每个数据只被处理一次。而传统数据库对数据进行持久存储，便于多遍扫描，并建立相应的索引机制以利于高效的查询。

（5）结果近似性。大量的数据流分析处理中并非一定需要精确的查询结果，满足精度误差要求的近似结果即可。而传统数据库建立在严格的数学基础之上，其查询语义明确、查询结果精确。

数据流管理主要从系统的角度针对不同的应用背景，重点研究数据流的查询语言、查询模型、操作调度、资源管理、负载控制等与管理系统密切相关的问题。由于传统的数据库管理系统难以支持数据流应用中急需的"连续查询"需求，因此，国内外许多大学和研究机构依托数据库管理系统的设计思路，针对具体行业背景，相继提出了多种数据流模型，并研发了一些具有代表性的数据流管理系统，如斯坦福大学的 STREAM，加州大学伯克利分校的 TelegraphCQ，AT&T 实验室的 Gigascope，布朗大学、布兰蒂斯大学和麻省理工学院的 Aurora & Borealis 等。由于数据流管理方面的研究通常跟具体的数据流管理系统紧密相关，因此下文将以这些典型的数据流管理系统为主线来介绍数据流管理的相关研究工作。

STREAM（Stanford Stream Data Manager）：它是斯坦福大学推出的一个通用型数据流原型系统，以关系型数据为基础设计了一种支持数据流的连续查询语言——CQL（Continuous Query Language），该语言可同时支持传统的关系操作和流操作。STREAM 系统的设计目标是在资源紧张的情况下能有效地给出连续近似的查询结果。其设计针对连续、时变数据流的管理以及近似查询处理，研究内容包括：查询语言、操作调度、资源管理、负载控制等。该系统能适应海量、快速和易变的数据流环境，具有非常好的连续查询能力。其中，无限快速性和单遍扫描性是两个最为重要的特点，是数据流区别于传统数据库中数据的关键。

TelegraphCQ：该原型系统由加州大学伯克利分校开发，建立在开源数据库 PostgreSQL 之上。它采用工作流系统的设计思想，查询处理上基于主动查询处理引擎，并通过元组路由和分组过滤技术实现了多查询操作算子的共享。其重点考虑自适应处理和基于流水线的动态操作调度等。该系统能针对历史流数据进行查询，也支持实时监测与分析，并已经在网络管理等方面得到了一定的应用。

针对数据流模型的特点，目前的工作主要有以下三个挑战：

（1）低时空复杂度。因为无限快速性是数据流的基本特点，从而使无限快速数据流与有限资源（计算、存储和网络带宽等）之间的矛盾成为数据流研究面临的基本矛盾。数据流规模在理论上是无限的，为保证算法能适应无限快速的数据流处理，要求数据流算法具有非常低的时空复杂度。

（2）增量近实时性。数据流的单遍扫描性要求算法必须具备可增量更新的功能。由于历史数据通常不再保存，原有针对数据库中持久存储数据而设计的可多遍扫描算法将不再适用于数据流应用，针对不同的数据流分析处理问题，需要设计相应的可增量更新的数据结构和算法；数据流的快速性势必要求算法能近乎实时地处理每个流数据，通常要求算法具有线性甚至次线性的处理速度（次线性可通过抽样等技术获得）。

（3）自适应近似性。数据流的不确定性和时变性要求算法具有自适应的功能。数据流算法应能及时检测到数据流的动态变化，如负载、流速和数据分布等的变化，并根据变化而自适应地调整算法的相应参数，进而提高算法稳定性和可靠性。例如，过载情况下可通过调度优化、负载平衡和降载（Load Shedding）等技术进行处理；数据流应用通常仅需满足精度要求的近似结果，其算法可应用近似算法的设计思想和方法。

（二）文本挖掘

当前数字化的文本数量不断增加，Web 中有 99% 的可分析信息是以文本形式存在的，机构内也有近 90% 的信息以文本形式存在。文本挖掘是对具有丰富语义的文本进行分析，从而理解其包含的内容和意义的过程。文本挖掘主要应用于新一代的搜索引擎、互联网的内容安全、企业知识管理以及个人智能信息访问。对其进行深入细致的研究将极大地提高人们从海量文本数据中提取信息的能力，具有很高的商业价值。

分词，一般是指将连续的字序列按照一定的规范重新组合成词序列的过程。分词是文本挖掘的基础工作，是文本深层次分析的前提。词的切分，对于人来说是比较简单的事情，但是对于机器来说，却是非常困难的（如歧义切分、未登录词识别等极具挑战性的问题）。

分词的分类包括基于词典的方法和基于标准的方法。在基于词典的方法中又包括：最大匹配法、最大概率法、最短路径法和未登录词识别方法。

1. 文本分类

分类是指对于给定的一个对象，从一个事先定好的分类体系中挑出一个（或者多个）最适合该对象的类别，以便于今后查找，这是其最直接、最普遍的应用。

分类体系一般由人工制造，分类系统可以是层次结构。分类方法可以分为人工方法和自动方法。人工方法结果容易理解但是费时费力，难以保证一致性和准确性，即使是专家有时候也不能保证绝对准确。而自动方法的结果虽然不易理解，但是它快速，准确率相对较高，并且来源于真实文本，可信度高。

文本自动分类（Text Categorization）的定义：在给定的分类体系下，根据文本的内容自动地确定文本关联的类别。从数学的角度来看，文本分类是一个映射的过程，它将未标明类别的文本映射到已有的类别中，该映射可以是一一映射也可以是一对多映射。自动分类在门户网站的网页、图书馆的电子资料、信息部门的情报处理以及政府企业的电子邮件领域应用广泛。

（1）自动分类的优点：它提高了信息处理的效率，缩减了人工分类繁杂的工作，也减小了人工分类的主观性。

（2）文本分类的基本步骤：用户定义分类树；用户为分类节点提供训练文档；特征选择；训练；自动分类。

（3）分类算法：决策树（Decision Trees）、KNN 算法（K－Nearest Neighbour）、贝叶斯网络（Bayes Networks）、神经网络（Neural Networks）、推进（Boosting）、支持向量机（SVM）等。

2. 文本聚类

文本聚类作为一种自动化程度较高的无监督机器学习方法，不需要预先对文档手工标注类别，近年来在信息检索、多文档自动文摘、话题识别与跟踪等领域得到了广泛的应用。文本聚类是一个无监督的学习过程，主要是依靠假设：同类文档相似度较大，不同类文档相似度较小。它的主要任务就是把一个文本集分成若干个称为簇的子集，然后在给定的某种相似度量下，把各个文档分配到与其最相似的簇中。

在文本聚类处理中，基于划分的聚类算法是一种非常简单有效的方法，被广泛应用于文本挖掘中。$k-$means 算法是一种典型的基于划分的聚类算法，下面以 $k-$means 算法为例，详细介绍文本聚类的过程。

（1）任意选择 k 个文本作为初始聚类中心。

（2）Repeat。

（3）计算输入文本域簇之间的相似度，将文本分配到最相似的簇中。

（4）更新簇质心向量。

（5）直到簇质心不再发生变化。

2.5　数据挖掘评估

2.5.1　评估分类法的准确率

评估分类法准确率的技术有保持（Holdout）和 k - 折交叉确认（k - fold cross - validation）方法。另外，还有两种提高分类法准确率的策略：装袋（Bagging）和推进（Boosting）。

1. 保持和 k - 折交叉确认

在保持方法中，给定数据被随机划分成两个独立的集合：训练集合测试集。通常，2/3 的数据分配到训练集，其余 1/3 的数据分配到测试集。保持这种评估方法是保守的，因为只有一部分初始数据用于导出的分类法。随机选样是保持方法的一种变形，它将保持方法重复 k 次。总体准确率估计取每次迭代准确率的平均值。

准确率估计是 k 次迭代证券分类数除以初始数据中的样本总数。

2. 灵敏性和特效性度量

假定我们已经训练了一个分类法，将医疗数据分类为"cancer"和"non_cancer"。90% 的准确率使得该分类法看上去相当准确，但是如果实际只有 3% ~4% 的训练样本是"cancer"会怎样？显然，90% 的准确率是不能接受的，该分类法只能正确地标记"non_cancer"样本（称作负样本）。但我们希望评估该分类能够识别"cancer"样本（称作正样本）的情况。为此，除用准确率评价分类模型外，还需要使用灵敏性（Sensitivity）、特效性（Specificity）以及精度（Precision）来度量，即评估标记为"cancer"，实际是"cancer"的样本百分比。

2.5.2 数据挖掘模型评估的错误观念

传统评估分类预测模型时，通常使用的是"准确度"。它的功能是评估模型分类实物是否正确。准确度越高模型就越好。但事实上，这样评估出来的模型并不是最好的。例如，某家银行发行现金卡，风险控管部门主管决定建立DM模型，利用申请人申请时所填的资料建立违约预测模型，来作为核发现金卡以及给予额度的标准。该银行邀请两家DM公司来设计模型，评比的标准是模型的"准确度"。根据此标准，A公司所建模型的准确度为92%，B公司的准确度为68%。银行和A公司签约。应用A公司的模型后，结果发现里面只有一条规则，那就是"所有的人都不会违约"。为什么？A：所有的人都不会违约，因此它只有8%的违约分类错误（违约误判为不违约），因此准确率是92%。B：在根据评分由高至低筛选出前40%的名单中，可以将所有的违约户都找出来，即有32%的非违约户被误判为违约户，因此准确率只有68%。通过以上我们可以发现，不能使用准确率来评判模型的优劣。

回应率（Response Rate）：在预测的名单中找出有多少小概率事件，在预测违约的名单中，真正违约所占的比例是多少。预测模型回应率的高低须和总体回应率比较。

总体回应率=总体实际会违约/总体，回应率讲究的是模型"宁缺毋滥"的能力，回应率高并不一定是好模型，因为如果利用数据挖掘模型从1万人中挑出10个最有可能会买产品的顾客，结果回应率是100%，但是却漏掉了大多数会买产品的顾客，因此，还得参考"反查率"这个指标。

反查（Recall）：预测出来的小概率事件占总体小概率事件的比例。它的意义在于：预测出来会违约的人占总体会违约的客户的百分比。反查率越高，表明犯第二类错误的可能性越小，那么模型就越好。

间距缩减（Range Reduce）：通过DM模型来找出小概率事件时，名单缩小了多少。

间距缩减代表的是根据模型执行活动时的成本，当名单量没有有效缩减时，执行的总成本会很高，因此间距缩减越低越好。

注意：很少有模型能够同时满足上述三项指标的要求，当回应率很高时，一定是筛选高概率族群，因此名单间距缩减一定会变低，但是会遗漏掉低概率族群，必定会造成反查降低，所以若只看分类矩阵，找不出最好的模型。分类矩阵是根据一个概率阈值将顾客分作两种情况，过度简化了实际的结果。因为所有的演算法除了预测结果之外，同时还会提供概率值作为排序的基础。

AUC（Area Under Curve）：模型曲线下面的阴影面积与完美模型曲线下面的阴影面积的比值。AUC 越接近 1，表示模型的预测能力越高。

基尼系数 = 模型曲线与 45 度线之间的面积/完美模型曲线与 45 度线之间的面积。基尼系数越接近 1，表示模型的预测能力越高。

2.6　本章小结

本章我们介绍了数据挖掘的原理、方法和技术。从数据的预处理，到数据仓库的建立、数据转换，再到数据挖掘的方法。其中，数据挖掘方法这一小节详细介绍了分类、回归、聚类分析、关联规则、社会网络以及复杂数据挖掘的基本概念、原理和算法，使我们对数据挖掘方法有了总体的清晰认识。在数据挖掘评估中，我们简单介绍了回应率、反查和间距缩减等方法。

参考文献

［1］熊平. 数据挖掘算法与 Clementine 实践［M］. 北京：清华大学出版社，2011.

［2］梁循. 数据挖掘原理与方法［M］. 北京大学出版社，2008.

［3］杨杰，姚莉秀. 数据挖掘技术及应用［M］. 上海交通大学出版社，2011.

［4］蒋盛益，李霞，郑琪. 数据挖掘原理与实践［M］. 北京：电子工业出版社，2011.

［5］陈燕. 数据挖掘技术与应用［M］. 北京：清华大学出版社，2011.

第二篇

銀行数据挖掘

第3章　基于神经网络的信用评分方法

3.1　引　言

　　信用是社会经济发展的必然产物，是现代经济社会中不能缺少的组成部分。维持信用并发展信用关系，是保持社会经济秩序的重要前提。信用评价是由专业部门或者机构按照一定方法和程序在对企业进行全面了解、考察调研和分析的基础上，得出其信用行为的可靠性、安全性程度的评价，并以专用符号或简单的文字形式来表达的管理活动。现在，随着中国市场经济体制的建立，为防范信用风险，维护正常的经济秩序，信用评价的重要性日趋明显，主要表现在三个方面：有助于企业防范商业风险；有利于资本市场的公平、公正、诚信；信用是商业银行确定贷款风险程度的依据。

　　关于信用评价的概念，到目前为止没有统一说法，但内涵大致相同，安博尔·中诚信认为，主要包括三个方面。

　　首先，信用评价的根本目的在于揭示受评对象违约风险的大小，而不是其他类型的投资风险，如利率风险、通货膨胀风险、再投资风险及外汇风险等。

　　其次，信用评级所评价的目标是经济主体按合同约定如期履行债务或其他义务的能力和意愿，而不是企业本身的价值或业绩。

　　最后，信用评级是独立的第三方利用其自身的技术优势和专业经验，就各经济主体和金融工具的信用风险大小所发表的一种专家意见，它不能代替资本市场投资者本身做出投资选择。

　　而在金融信息系统领域，我们可以简单地将信用评价看作是一个分类问题，可以分为两类（good，bad）或者三类（good，bad，unknown）。第一个信用评价模型是 Linear Discriminant Analysis（LDA）模型，但是现实中，我们发现信用评价并非都是标准线性问题，而且每类数量可能会出现不平衡问题。尽管有学者认为这些问题是可以克服的，但是 LDA 模型作为信用评价的分类模型，确实存在不准确的问题，所以后来又产生了很多针对 LDA 缺点的模型，这些模型又被分为两类：一类是统计学方法；另一类是人工智能方法。统计学方法不在本章的讨论范围之内，所以我们暂时不讨论，有兴趣的同学可以自己查找相关资料。而人工智能方法中，几乎所有分类器模型都可以作为信用评价的模型，不过效果上差甚远。本章主要介绍神经网络在信用评价中的应用。

David West 在 2000 年发表了《Neural network credit scoring models》一文，详细介绍了五种神经网络在信用评价中的应用，并将五种神经网络的准确度同两种参数模型和三种非参数模型作了详细的比较，表 3.1 即是 David West 所得到的结果。

表 3.1　David West 论文中的模型准确度

Credit data model		German credit data[b]			Australian credit data[b]		
		Good credit	Bad credit	Overall	Good credit	Bad credit	Overall
Neural models[a]	MOE	0.1428	0.4775	0.2434	0.1457	0.1246	0.1332
	RBF	0.1347	0.5299	0.2540	0.1315	0.1274	0.1286
	MLP	0.1352	0.5753	0.2672	0.1540	0.1326	0.1416
	LVQ	0.2493	0.4814	0.3163	0.1710	0.1713	0.1703
	FAR	0.4039	0.4883	0.4277	0.2566	0.2388	0.2461
Parametric models	Linear discriminant	0.2771	0.2667	0.2740	0.0728	0.1906	0.1404
	Logistic regression	0.1186	0.5133	0.2370	0.1107	0.1409	0.1275
Non – parametric models	K neares neighbor	0.2257	0.5533	0.3240	0.1531	0.1332	0.1420
	Kernel density	0.1557	0.6300	0.3080	0.1857	0.1514	0.1666
	CART	0.2063	0.5457	0.3044	0.1922	0.1201	0.1562

Notes：[a]Neural network results are averages of 10 repetitions.

[b]Reported results are group error rates averaged across 10 independent holdou samples.

而庞素琳在《信用评价与股市预测模型研究及应用：统计学、神经网络与支持向量机方法》一书中详细地介绍了信用评价的步骤、过程和每一步的意义，并对传统的统计学方法及包括支持向量机、人工神经网络在内的人工智能等方法做了详细的介绍和对比，有兴趣的同学可以去看看。

本章中，我们将利用 MATLAB 对两组数据进行神经网络的模拟。主要分为两个部分, 前半部分介绍模拟的具体过程, 后半部分对模拟的结果进行分析, 主要介绍 BP、RBF、PNN 三种神经网络的分类情况。

3.2 神经网络

人工神经网络 (Artificial Neural Networks, ANNs) 可简称为神经网络 (NNs) 或连接模型 (Connectionist Model), 它是一种模拟动物神经网络行为特征、进行分布式并行信息处理的算法数学模型。这种网络依靠系统的复杂程度, 通过调整内部大量节点之间相互连接的关系, 达到处理信息的目的。

常见的神经网络有 BP、RBF 等。

BP (Back Propagation) 网络 1986 年由以 Rumelhart 和 McCelland 为首的科学家小组提出, 是一种按误差逆传播算法训练的多层前馈网络, 是目前应用最广泛的神经网络模型之一。BP 网络能学习和存储大量的输入 – 输出模式映射关系, 而无须事前揭示描述这种映射关系的数学方程。它的学习规则是使用梯度下降法, 通过反向传播来不断调整网络的权值和阈值, 使网络的误差平方和最小。BP 神经网络模型拓扑结构包括输入层 (Input Layer)、隐层 (Hidden Layer) 和输出层 (Output Layer), 见图 3.1、图 3.2 和图 3.3。

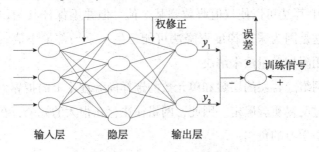

图 3.1　BP 网络的训练过程示意图

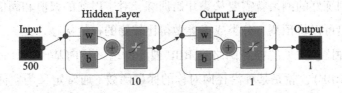

图 3.2　MATLAB 中的神经网络示意图

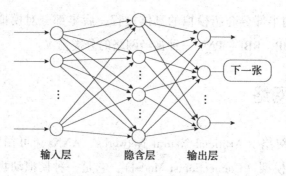

图 3.3　基本的 BP 网络示意图

神经网络可以用作分类、聚类、预测等。神经网络需要有一定量的历史数据，通过历史数据的训练，网络可以学习到数据中隐含的知识。在我们的问题中，首先要找到某些问题的一些特征以及对应的评价数据，然后用这些数据来训练神经网络。

虽然 BP 网络得到了广泛的应用，但自身也存在一些缺陷和不足，主要包括以下四个方面的问题。

首先，由于学习速率是固定的，因此网络的收敛速度慢，需要较长的训练时间。对于一些复杂问题，BP 算法需要的训练时间可能非常长，这主要是由学习速率太小造成的，可采用变化的学习速率或自适应的学习速率加以改进。

其次，BP 算法可以使权值收敛到某个值，但并不保证其为误差平面的全局最小值，这是因为采用梯度下降法可能产生一个局部最小值。对于这个问题，可以采用附加动量法来解决。

再次，网络隐含层的层数和单元数的选择尚无理论上的指导，一般是根据经验或者通过反复实验确定。因此，网络往往存在很大的冗余，在一定程度上也增加了网络学习的负担。

最后，网络的学习和记忆具有不稳定性。也就是说，如果增加了学习样本，已经训练好的网络就需要从头开始训练，对于以前的权值和阈值是没有记忆的。但是可以将预测、分类或聚类做得比较好的权值保存。

另一种比较常见的神经网络是 RBF 神经网络。径向基函数（Radial Basis Function，RBF），就是某种沿径向对称的标量函数。通常定义为空间中任一点 x 到某一中心 xc 之间欧氏距离的单调函数，可记作 k（$\|x-xc\|$），其作用往往是局部的，即当 x 远离 xc 时函数取值很小。最常用的径向基函数是高斯核函

数，形式为 $k(\|x-xc\|)=\exp\{-\|x-xc\|^2/(2\times\sigma)^2)\}$，其中 xc 为核函数中心，σ 为函数的宽度参数，控制了函数的径向作用范围。在 RBF 网络中，这两个参数往往是可调的。

把网络看成对未知函数 $f(x)$ 的逼近器。一般任何函数都可表示成一组基函数的加权和，这相当于用隐层单元的输出函数构成一组基函数来逼近 $f(x)$。在 RBF 网络中以输入层到隐层的基函数输出是一种非线性映射，而输出层则是线性的。这样，RBF 网络可以看成是首先将原始的非线性可分的特征空间变换到另一空间（通常是高维空间），通过合理选择这一变换使在新空间中的原问题线性可分，然后用一个线性单元来解决问题。在典型的 RBF 网络中有三组可调参数：隐层基函数中心、方差以及输出单元的权值。这些参数的选择有三种常见的方法：①根据经验选择函数中心。比如只要训练样本的分布能代表所给问题，可根据经验选定均匀分布的 M 个中心，其间距为 d，可选取高斯核函数的方法 $\sigma=d/\mathrm{sqrt}(2\times M)$。②用聚类方法选择基函数。可以各聚类中心作为核函数中心，而以各类样本方差的某一函数作为各个基函数的宽度参数。用①或②的方法选定了隐层基函数的参数后，因输出单元是线性单元，它的权值可以简单地用最小二乘法直接计算出来。③将三组可调参数都通过训练样本用误差纠正算法求得。做法与 BP 方法类似，分别计算误差 $e(k)$ 对各组参数的偏导数，然后用迭代法求取参数。研究表明，用于模式识别问题的 RBF 网络在一定意义上等价于首先用非参数方法估计出概率密度，然后用它进行分类。

RBF 网络的优点如下。

（1）它具有唯一最佳逼近的特性，且无局部极小问题存在。

（2）RBF 神经网络具有较强的输入和输出映射功能，并且理论证明在前向网络中，RBF 网络是完成映射功能的最优网络。

（3）网络连接权值与输出呈线性关系。

（4）分类能力好。

（5）学习过程收敛速度快。

3.3 数据集

数据集选用澳大利亚数据集 "Australian Credit Approval"，这个数据集是关于信用卡申请的数据集，符合信用评价的要求，但是所有数据出于对用户信息的保密，都改为了无意义的符号（如 0 和 1）。

数据集的属性是多样的，有连续的属性，用最小值标称的属性以及用最大值标称的属性。一共有 14 个属性，其中 6 个是数字属性，8 个是分类属性。

这是一个结果为两类的数据集，由于数据集做了保密性质的修改，我们无法得知哪一类是信用良好，哪一类是信用不好，不过，我们可以得知的是，两者在数量上是基本趋于平衡的（分别为 307 和 383）。

通过观察数据集，我们发现数据需要做归一化处理。由于数据状态本身已经非常好，我们这里选择了线性的归一化处理，将数据范围都归一化到［0，1］的区间中。通过下面 BP 神经网络的验证，这样的归一化处理效果还是不错的。另外，考虑到数据集总共只有 14 个属性，完全在神经网络承受范围之内，所以，我们没有进行 Feature Selection 的步骤。

3.4 实验设计

（一）实验环境

实验测试环境：MATLAB2010B；Windows7 32bit 实验电脑配置：AMD Athlon64 X2 4800 + @2.5G/DDR2 667 2G/NVDIA 7900GT/250G 7200RPM。

数据集总共有 690 组数据，数据规模并不巨大，另外考虑到MATALAB2010B在运行的时候，对多核处理器也仅仅使用一个核心，所以我们选择实验的计算机配置也并不是十分出色。但是通过实验，我们发现，即使在这个配置下，我们依然可以十分迅速地得出结果。因此，在数据规模并不巨大的情况下，进行信用评价这一操作并不需要特别好的硬件配置。

另外，由于澳大利亚数据集总共有 690 组数据，并且两类结果是交替出现的，所以我们选择前 400 组作为训练数据，后 290 组作为测试对比数据。

（二）实验过程

（1）将数据集导入 MATLAB 工作空间，并做格式化处理。

（2）建立一个神经网络，并用前 400 组数据对其进行训练，以 BP 为例，net＝newff（minmax（train_input），[10，1]，｛'tansig'，'logsig'｝，'train-lm'）；net. trainParam. goal＝0.001；net. trainParam. epochs＝50；net＝trainnet，train_input，train_output）。

（3）用这个神经网络对后 290 组数据进行模拟，并计算准确度。

3.5　实验结果

（一）10 个神经元的 BP 网络的实验结果

耗时：0∶00∶04；Performance：0.0608；Gradiant：0.0433；准确率：78.62%，见图 3.4。

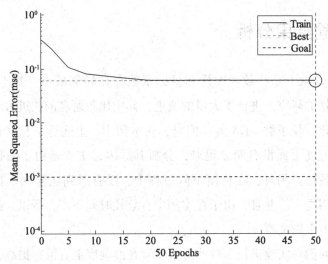

图 3.4　Performance 误差下降曲线

（二）RBF 的实验结果

net＝newrbe（train_input，train_output，1.2）；即 Spread 参数选择为 1.2。准确度：44.87%。

（三）PNN 的实验结果

0.1；44.83%。

下面对三种神经网络的准确度做比较，比较结果见图 3.5。

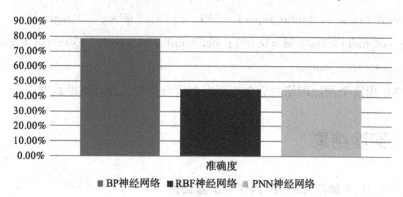

图 3.5　三种神经网络的准确度比较

3.6　实验结果分析

BP 算法的缺点是收敛速度慢和目标函数存在局部最小。基于这些缺点，人们做了大量的研究，进行了大量的改进，其中比较著名的改进方法有统计学相关算法优化、粒子群、GA 等。但是，在本例中，上述算法相对梯度下降法在准确度和速度上面没有明显提升，分析其原因，主要是由于数据规模比较小，速度比较快。另外，在梯度下降过程中，没有遇到能起到干扰作用的拐点，也是原因之一。并且，由于在本例中，总耗时并不多，所以，我们没有必要在算法速度上做文章。

现在，我们对实验进行一些改进来看看在准确度上有没有提高，将神经元增加一倍，达到 20 个。

由多层神经网络的原理可以知道，三层神经网络已经可以模拟所有函数，一味地增加层数除了使神经网络变得更为臃肿之外没有好处。但是，增加神经元的个数无疑是可以提高神经网络的信息容量的，理论上来说，将神经元从 10 个提升到 20 个可以大幅度增加神经网络的信息容量，我们来看看效果如何。由于神经元个数的增多，我们将训练次数的上限由 50 次增加到 200 次。

实验结果如下：

Epoch：200；耗时：0：00：18；Performance：0.0532；Gradiant：0.394；准确率：84.14%（见图 3.6）。

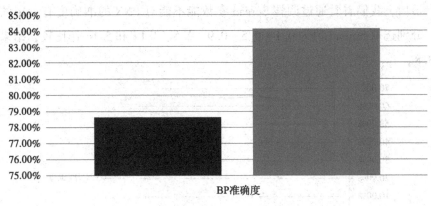

图 3.6 不同神经元个数对准确度的影响

准确度竟然达到了 84.00%，十分接近 David West 做的实验中准确度最高的实验结果，可见，提高神经元个数对于提高实验精度是非常有帮助的。

接下来我们看看通过调整 Spread 参数能不能对 RBF 的准确度有一定的改善，分别选取 Spread 值为 1.2、1.14 和 3.14 作比较，结果见图 3.7。

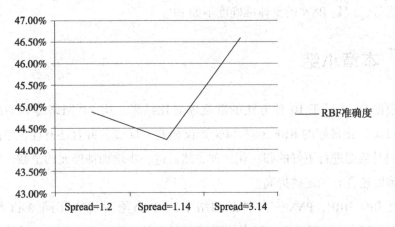

图 3.7 不同 Spread 对 RBF 准确度的影响

RBF 的准确度一直在 50.00% 徘徊，实验结果非常不理想。分析后发现，这可能跟数据没有进行归一化处理有关：RBF 神经网络中，如果数据越接近正态分布，那么分类的效果将越好，而本组数据说明，由于数据上传者出于对数据的保密，对数据进行了一些处理，这可能导致 RBF 的准确度不高。

最后，我们看看通过调整 Spread 参数能不能对 PNN 的准确度有一定的改善，分别选取 Spread 值为 0.1、0.5、0.9、2.5、3.14 和 5.14 作比较，结果见图 3.8。

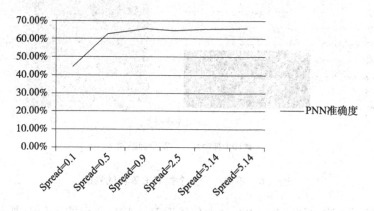

图 3.8　不同 Spread 对 PNN 准确度的影响

显然，Spread 的修改对 PNN 类神经网络的影响是明显的，最后 PNN 的准确度接近 70.00%，属于中等偏上的水平，虽然在数据的影响下，较 RBF 有明显的优势，但是 PNN 的整体准确度不如 BP。

3.7　本章小结

根据 West 对于 10 种方法的准确度对比结果，用 BP 网络得到的准确度（84.14%）比最好的 RBF（87.14%）仅相差 3.00%，并且还有优化空间，如果我们对数据进行更好的归一化处理，然后进一步增加神经元的个数，相信实验准确度还会有一定的提高。

在 BP、RBF、PNN 三种神经网络中，BP 占绝对优势（同 West 结论相反），但是同《信用评价与股市预测模型研究及应用》（庞素琳，科学出版社 2005 年版）结论相同。由于 RBF 网络对数据的要求比较高，所以 BP 更加适合数据多样性的案例，本实验中，由于数据提供者已经陈述了数据的多样性，所以，在没有对数据进行特殊处理的时候，BP 有先天的优势。

Spread（径向基函数的中心和宽度）对于 PNN 的准确度影响是比较大的。所以，如何选取 Spread 值就成为建立 PNN 网络的关键，而 Spread 值的选择不仅跟问题有关，还跟数据有关，所以在建立 PNN 网络的时候，除了要进行训练外，还应该针对问题、针对数据求得 Spread。

参考文献

［1］庞素琳. 信用评价与股市预测模型研究及应用：统计学、神经网络与支持向量机方法［M］. 北京：科学出版社，2005.

［2］David West. Neural network credit scoring models［J］. Computers & Operations Research, 2000（27）：1131−1152.

［3］Brill J. The importance of credit scoring models in improving cash flow and collections［J］. Business Credit, 1998（1）：16−17.

［4］Mester L J. What's the point of credit scoring［J］. Business Review−Federal Reserve Bank of Philadelphia, 1997（Sept/Oct）：3−16.

［5］Rosenberg E, Gleit A. Quantitative methods in credit management：a survey［J］. Operations Research, 1994, 42（4）：589−613.

［6］Reichert A K, Cho C C, Wagner G M. An examination of the conceptual issues involved in developing credit−scoring models［J］. Journal of Business and Economic Statistics, 1983（1）：101−114.

［7］Henley W. E. Statistical aspects of credit scoring. Dissertation［M］. The Open University, Milton Keynes, UK, 1995.

［8］Henley W. E, Hand D J. A k−nearest neighbor classier for assessing consumer credit risk［J］. Statistician, 1996（44）：77−95.

［9］Tam K Y, Kiang M Y. Managerial applications of neural networks：the case of bank failure predictions［J］. Management Science, 1992, 38（7）：926−947.

［10］Altman E I. Corporate distress diagnosis：comparisons using linear discriminant analysis and neural networks（the Italian experience）［J］. Journal of Banking and Finance, 1994（18）：505−529.

［11］Davis R H, Edelman D B, Gammerman A J. Machine learning algorithms for credit−card applications［J］. IMA Journal of Mathematics Applied in Business and Industry, 1992（4）：43−51.

[12] Frydman H E, Altman E I, Kao D. Introducing recursive partitioning for "nancial classication" : the case of nancial distress [J]. Journal of Finance, 1985, 40 (1): 269 – 291.

[13] Coats P K, Fant L F. Recognizing nancial distress patterns using a neural network tool [J]. Financial Management, 1993, Autumn: 142 – 155.

[14] Desai V S, Conway J N, Overstreet G A. Credit – scoring models in the credit – union environment using neural networks and genetic algorithms [J]. IMA Journal of Mathematics Applied in Business & Industry, 1997 (8): 323 – 346.

[15] Desai V S, Crook J N, Overstreet G A. A comparison of neural networks and linear scoring models in the credit union environment [J]. European Journal of Operational Research, 1996 (95): 24 – 37.

[16] Jensen H L. Using neural networks for credit scoring [J]. Managerial Finance, 1992 (18): 15 – 26.

[17] Lacher R C, Coats P K, Sharma S, Fant L F. A neural network for classifying the "nancial health of arm" [J]. European Journal of Operational Research, 1995 (85): 53 – 65.

[18] Piramuthu S. Financial credit – risk evaluation with neural and neurofuzzy systems [J]. European Journal of Operational Research, 1999 (112): 310 – 321.

[19] Salchenberger L M, Cinar E M, Lash N A. Neural networks: a new tool for predicting thrift failures [J]. Decision Sciences, 1992 (23): 899 – 916.

[20] Goonatilake S, Treleavan P. Intelligent systems for nance and business [M]. New York: Wiley, 1995.

[21] Quinlan J R. Simplifying decision trees [J]. International Journal of Man – Machine Studies, 1987 (27): 221 – 234.

[22] Abdel – Khalik A R, El – Sheshai K M. Information choice and utilization in an experiment on default prediction [J]. Journal of Accounting Research, 1980 (Autumn): 325 – 342.

[23] Dietterich T G. Approximate statistical tests for comparing supervised classi cation learning algorithms [J]. Neural Computation, 1998 (10): 1895 – 1923.

[24] Hand D J. Construction and assessment of classi cation rules [M]. New York: Wiley, 1997.

[25] Rumelhart D E, McClelland J L. Parallel distributed processing: explorations in the microstructure of cognition [M]. Cambridge, MA: MIT Press, 1986.

[26] Jacobs R A, Jordan M I, Nowlan S J, Hinton G E. Adaptive mixtures of local experts [J]. Neural Computation, 1991 (3): 79 – 87.

[27] Moody J, Darken C J. Fast learning in networks of locally tuned processing units [J]. Neural

Computation, 1989 (3): 213 -325.

[28] Kohonen T. Self – organizing maps [J]. Berlin, Germany: Springer, 1997.

[29] Carpenter G A, Grossberg S, Rosen D B. Fuzzy ART: fast stable learning and categoriza-
tion of analog patterns by an adaptive resonance system [J]. Neural Networks, 1991 (4):
759 -771.

[30] Gopinathan K, O' Donnell D. Just in time risk management [J]. Credit World, 1998
(2): 10 -12.

第4章　基于支持向量机的
信用风险评估方法

近些年，信贷市场发展迅猛，如何对客户进行信用风险评估以降低金融企业的坏账损失成为研究热点。几十年来，大量的研究者发展了 LDA、Logistic 回归等统计方法、专家系统法、神经网络方法和 SVM 等方法。尤其是 SVM 方法，凭借其在解决小样本、非线性及高维模式识别中的优势，在信用风险评估中取得了良好的表现。本章旨在探讨基本 SVM 方法，通过对 SVM 中的参数进行优化，以提高分类准确率。通过实验可以看出，采用表格法、遗传算法和粒子群算法对 SVM 参数进行优化可使分类准确率有较明显的提高。

本章主要介绍了基于 SVM 的信用风险评估模型，该模型利用优化参数后的 SVM 来分析和评估用户的信用状况，辅助信贷决策。首先，本章描述了信用风险评估领域的背景以及研究现状；其次，详细介绍了 SVM 的基本知识和各种参数优化算法思想；最后，采用介绍的方法对相应数据集进行评估，并进行了实证检验与对比分析。

4.1　引　言

近几十年，信贷产业飞速发展，市场规模和市场多样性都有了显著提高，而信贷产业在存在巨大利益的同时，也存在着诸如坏账等巨大风险。信用风险评估有助于金融参与者更好地消除信息不对称和管理风险，提高收益，信用风险评估也因此成为信贷管理的一个核心领域。信用风险评估通过客户的属性信息和过去的信用记录，构建一个信用风险评估模型，以对客户进行分类，区分出信用优良客户和信用不良客户。表4.1 给出了按照还款意愿和还款能力区分的信用良好和信用不良的客户种类。

表 4.1　用户信用分类表

信用状况	还款意愿	还款能力
优良	√	√
不良	√	×
不良	×	√
不良	×	×

信用风险评估模型有助于银行等金融机构客观、全面地评估客户的还款能力和还款意愿，以避免和减少坏账损失。假设银行一年批准新开户的信用卡账户为 100 万张，假定主观决策的坏账率为 3%，通过信用风险评估模型能够使坏账率降低 0.5%，假定平均每单位的坏账额为 2 万元，那么采用信用风险评估模型将可以使损失从 6 亿元下降到 5 亿元，节约了 1 亿元的损失！图 4.1 给出了信用风险评估模型的构建过程。

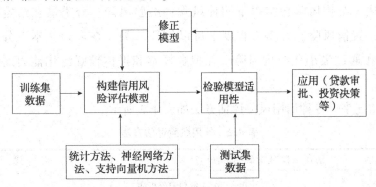

图 4.1　信用风险评估模型的构建流程图

最初，信用风险评估主要依靠相关人员的主观经验判断和一些简单的指标分析来进行，但是主观方法在客观性、一致性、准确性、全面性和效率性方面都有明显的不足。20 世纪 60 年代以后，出现了应用统计方法来进行信用风险评估的方法。尤其是到了 20 世纪 80 年代初，出现了一些较为成熟的统计评价模型，1983 年 Reichert, Cho and Wagner 最早将线性判别分析（LDA）方法引入了信用风险评估领域。不久以后，Harrell and Lee 又发现 Logistic 回归模型方法和 LDA 方法同样适用于信用风险评估。但是，这些方法需要一些太强的假设，比如要求关系是线性的，等等，实际情况很难与之相符，导致这些方法在实际应用中备受争议。后来发展的神经网络方法，可以较好地解决非线性关系和在变量间关系未知时的建模问题，也因此在信用风险评估领域取得了比 LDA 和 Logistic 回归更好的表现。但是，由于神经网络方法遵循的是经验风险最小化原则，在实际应用中，也就不可避免地存在过拟合问题。此外，神经网络方法缺乏坚实的理论基础，在实际应用中更多地是依靠工程技巧，局部最优值和较长的收敛时间也是神经网络的不足之处。

SVM 是数据挖掘领域的一项新技术，是基于统计学理论的一种机器学习算法，最早由 Vapnik 提出。SVM 通过非线性映射，将低维空间中的非线性问题转变为高维空间的线性问题，并采用一核函数代替高维空间中的内积运算，达到避免高维运算和解决非线性的目的。SVM 在解决小样本、非线性及高维模式识别中表现出许多特有的优势。SVM 是一种努力最小化结构风险的算法，结构风险包括以下两种风险：经验风险，分类器在给定样本上的误差；置信风险，在多大程度上可以信任分类器在未知文本上分类的结果。SVM 通过最小化结构风险，在拟合样本和提供较好泛化能力之间求得平衡。

总结起来，各种信用风险评估方法如表4.2 所示。

表4.2　信用风险评估方法

信用风险分析研究方法			年　代
统计方法	参数统计方法	单变量判定分析法 线性判别分析法 Logistic 回归分析法 Bayes 风险判别分析法	20 世纪 60 ~ 70 年代
	非参数统计方法	k - means 方法 聚类方法 决策树法	

续表

信用风险分析研究方法		年　　代
专家系统法		20 世纪 80 年代
神经网络方法	多层感知器	20 世纪 90 年代初期
	算法网络	
	径向基函数网络	
	概率神经网络	
	自组织竞争网络	
	模式神经网络	
支持向量机方法	C – SVC	20 世纪 90 年代末期
	ν – SVC	
	one – class SVM	

在应用 SVM 进行信用风险评估时，有三个最关键的问题：选择输入参数；选择核函数；优化核函数参数。输入参数的选择有助于提高分类准确率和减少运算时间，鉴于本问题涉及的输入数据只有不到 30 维，维数不高，故无须进行输入参数的选择。对于核函数的选择，已有的大量研究表明，RBF 核函数对于属性和类别关系非线性的数据能够计算出较好的结果。核函数参数的选择，有利于分类准确率的提高，本章分别采用了表格法、遗传算法和粒子群算法对核函数的参数进行了优化，并做了对比试验。从中可以看出，参数优化对于提高分类准确率具有较为明显的作用，但会相应降低分类算法的效率。

4.2　SVM 参数优化方法

4.2.1　表格法

表格法即以画表格的方法在待优化参数的各个维度上，给定每个参数的变化范围，以穷举方式得到一个该方式下对应最优分类准确率的参数，即为所求参数。

以 C – SVC 为例，假设该 SVM 使用 RBF 核函数，则待估参数为 c（惩罚参数）和 g（RBF 核函数中的 g），让它们分别在一定范围内取值，对于取定

的 c 和 g，把训练集作为原始数据集，利用 k – CV（k 层交叉检验）方法得到在此组 c 和 g 下训练集的验证分类准确率。最终，取使得训练集验证分类准确率最高的那组 c 和 g 作为所求的参数。如果有多组参数对应同一个最佳分类准确率时，应选取其中 c 最小的一组参数，因为 c 越大会使模型的泛化能力越差。

4.2.2 遗传算法

遗传算法（Genetic Algorithm）是模仿自然界生物进化的机制而发展起来的一种随机全局搜索和优化方法，它借鉴了达尔文的进化论和孟德尔的遗传学说。

遗传算法是一种高效、并行、全局搜索的方法，它能在搜索过程中自动获取和积累有关搜索空间的知识，并自适应地控制搜索过程，以获得最优解。遗传算法实现过程中使用适者生存的原则，在潜在的解决方案中逐次产生一个近似最优的方案。在遗传算法的每一代中，根据个体在问题域中的适应度值以及从自然遗传学中借鉴来的方法进行个体选择，产生一个新的近似解。这个过程导致种群中个体的进化，得到的新个体比原来的个体更能适应环境，就像自然界中的改造一样。

遗传算法的基本运算过程见图 4.2，主要包括以下步骤：

第 1 步：初始化。设置进化代数计数器 $t = 0$，设置最大进化代数 T（如 50），随机生成 N 个个体作为初始群体 P（0）。

第 2 步：个体评价。计算群体 P（t）中各个个体的适应度。

第 3 步：选择运算。将选择算子作用于群体。选择的目的是把优化的个体直接遗传到下一代或通过配对交叉产生新的个体再遗传到下一代。选择操作是根据群体中个体适应度评估进行的。

第 4 步：交叉运算。将交叉算子作用于群体，即把两个父代个体的部分结构加以替换重组而生成新个体的操作。遗传算法中起核心作用的就是交叉运算。

第 5 步：变异运算。将变异算子作用于群体，即是对群体中的个体某些基因座上的基因值作变动。

第 6 步：群体 P（t）经过选择运算、交叉运算、变异运算之后得到下一代群体 P（$t + 1$）。

第 7 步：终止条件判断。若 $t = T$，则以进化过程中所得到的具有最大适应度个体作为最优解输出，终止计算。

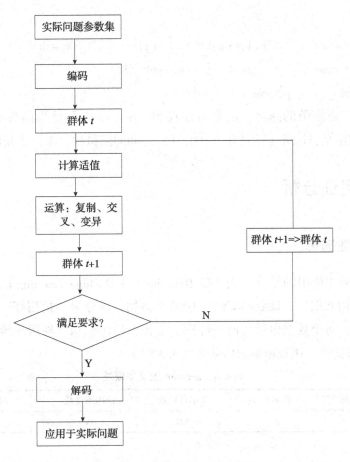

图 4.2　遗传算法基本运算过程

4.2.3　粒子群算法

粒子群算法（PSO）与遗传算法类似，是一种基于迭代的优化算法。

系统初始化为一组随机解，通过迭代搜寻最优值。在每一次迭代中，粒子通过跟踪两个极值来更新自己。一个极值就是粒子本身所找到的最优解，这个解叫做个体极值 pbest；另一个极值是整个种群目前找到的最优解，这个极值是全局极值 gbest。

同遗传算法比较，PSO 的优势在于简单、容易实现并且没有许多参数需要调整。

在找到这两个极值时，粒子根据如下的公式来更新自己的速度和新的位置：

$$v [] = w * v [] + c1 * \text{rand} () * (\text{pbest} [] - \text{present} []) +$$
$$c2 * \text{rand} () * (\text{gbest} [] - \text{present} []) \tag{4.1}$$

$$\text{present} [] = \text{present} [] + v [] \tag{4.2}$$

$v []$ 是粒子的速度，w 是惯性权重，present $[]$ 是当前粒子的位置，gbest 如前定义，rand（）是介于（0，1）之间的随机数，$c1$、$c2$ 是学习因子。

4.3 实证分析

4.3.1 数据集

本实验中使用的是获取自 UCI Repository of Machine Learning Databases 的 german 信用数据集，该数据集包含 1000 个数据，被分为"信用好"和"信用差"两类，每个数据包括年龄、性别、工作、信用记录、现居住地居住时间等 24 个属性值，该数据集的信息如表 4.3 所示。

表 4.3　german 数据集描述

数据集名称	类别数	信用良好数	信用不良数	属性数
german	2	700	300	24

4.3.2 数据预处理

数据预处理的流程如下：

（1）导入数据，即将数据集存入 MATLAB 的矩阵变量中。

（2）生成训练和测试数据，按照 7∶3 的比例，随机从数据集中选出训练数据和测试数据。

（3）数据归一化。［train_scale，test_scale，ps］= scaleForSVM（german_train_matrix，german_test_matrix，0，1）

归一化数据有利于提高数据处理的准确性和效率。

4.3.3 实验环境

本实验采用了 MATLAB + LIBSVM 的实验环境。其中 LIBSVM 是由台湾大学林智仁（Lin Chih – Jen）副教授等开发设计的一个简单、易于使用和快速有效的 SVM 模式识别与回归的软件包。该软件可以解决 C – SVM、ν – SVM、ε – SVR 和 ν – SVR 等问题，包括基于一对一算法的多类模式识别问题。

4.3.4　原始实验

分别编写对应不同核函数的 MATLAB 函数，如下所示（函数代码参见附录）：

（1）线性核函数：svm_liner；

（2）多项式核函数：svm_poly；

（3）RBF 核函数：svm_rbf。

输入数据为数据矩阵和运行的次数（比如 10 次，可以消除一次实验的偶然性），输出为每次的分类准确率和该核函数下的平均分类准确率。

（一）线性核函数

1. 函数形式

function［accuracy，accuracy_mean］= svm_liner（data_matrix，number）

2. 函数调用

［acc，acc_mean］= svm_liner（german，10）

3. 返回结果

acc = 58.0000　53.6667　54.6667　59.0000　53.6667　55.0000
57.3333　60.6667　54.0000　53.0000

acc_mean = 55.9000

即采用线性核函数，在未经过参数优化的情况下，对该数据集的平均分类准确率为 55.90%。

（二）多项式核函数

1. 函数形式

function［accuracy，accuracy_mean］= svm_poly（data_matrix，number）

2. 函数调用

［acc，acc_mean］= svm_poly（german，10）

3. 返回结果

acc = 55.3333　58.3333　59.3333　59.3333　57.0000　52.0000

57. 3333　56. 6667　55. 3333　54. 6667

acc_mean = 56. 5333

即采用多项式核函数，在未经过参数优化的情况下，该数据集的平均分类准确率为 56. 53%。

(三) RBF 核函数

1. 函数形式

function $\begin{bmatrix} accuracy, & accuracy\_mean \end{bmatrix}$ = svm_rbf (data_matrix, number)

2. 函数调用

$\begin{bmatrix} acc, & acc\_mean \end{bmatrix}$ = svm_rbf(german, 10)

3. 返回结果

act = 73. 6667　　68. 6667　　69. 00　68. 6667　　73. 3333　66. 00
68. 3333　70. 00　72. 3333　69

acc_mean = 69. 9000

即采用 RBF 核函数，在未经过参数优化的情况下，对该数据集的平均分类准确率为 69. 90%。

从实验中可以看出，使用 RBF 核函数可以取得较好的分类效果，下文的参数寻优实验我们选择在 RBF 核函数的前提下进行。

4.3.5 参数寻优实验

参数寻优实验采用的是李洋开发的 libsvm – mat – 2. 89 – 3〔FarutoUltimate3. 0〕工具箱，该工具箱是在 LIBSVM 工具箱的基础上，给出相应的辅助函数插件，方便用户来选取最佳的参数。表 4. 4 列出了 FarutoUltimate3. 0 工具箱的主要函数和功能。

表 4.4　FarutoUltimate3. 0 工具箱的主要函数和功能

函数名	函数功能
scaleForSVM	归一化处理
pcaForSVM	降维预处理
SVMcgForClass	表格法参数寻优
gaSVMcgForClass	遗传算法（GA）参数寻优
psoSVMcgForClass	粒子群算法（PSO）参数寻优

% faruto and liyang，LIBSVM – farutoUltimateVersion

% a toolbox with implements for support vector machines based on libsvm，2009

% Software available at http：//www. matlabsky. com

(一) 表格法

1. 实验代码

//基于表格法寻优的 SVM

[best acc，best c，best g] = SVMcgForClass (german_train_label，train_scale，– 10，10，– 10，10，5，0. 5，0. 5，4. 5)

2. 实验结果

best acc = 78. 4286　　best c = 181. 0193　　best g = 0. 0014

表格法参数寻优后的分类准确率为 78. 43% ，对应的最优参数 c 为 181. 0193，最优参数 g 为 0. 0014。

(二) 遗传算法

1. 实验代码

//遗传算法参数设置

ga_option. maxgen = 100；

ga_option. sizepop = 20；

ga_option. cbound = [0，100]；

ga_option. gbound = [0，100]；

ga_option. v = 5；

ga_option. ggap = 0. 9；

//基于遗传算法寻优的 SVM

[best acc，best c，best g] = gaSVMcgForClass (german_train_label，train_scale，ga_option)；

2. 实验结果

best acc = 77. 8571　　best c = 9. 3081　　best g = 0. 0134

遗传算法参数寻优后的分类准确率为 77. 86% ，对应的最优参数 c 为 9. 3081，最优参数 g 为 0. 0134，遗传算法的迭代过程见图 4. 3。

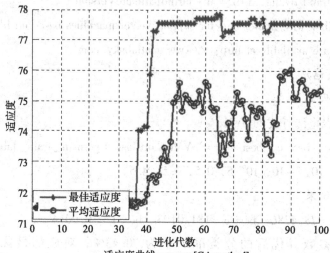

适应度曲线accuracy[GA method]
（终止代数＝100，种群数量pop＝20）
best c=9.3081 g=0.0134 CVAccuracy=77.86%

图4.3 遗传算法迭代过程图

（三）粒子群算法

1. 实验代码

//粒子群算法参数设置

pso_option. c1 = 1.5; pso_option. c2 = 1.7; pso_option. maxgen = 100;

pso_option. sizepop = 0;

pso_option. k = 0.6;

pso_option. wV = 1;

pso_option. wP = 1;

pso_option. v = 3;

pso_option. popcmax = 100;

pso_option. popcmin = 0.1;

pso_option. popgmax = 100;

pso_option. popgmin = 0.1;

//基于粒子群算法寻优的 SVM

[best acc, best c, best g] =psoSVMcgForClass（german_train_label, train_ scale，pso_option）

2. 实验结果

best acc = 77　　best c = 1.3314　　best g = 0.1000

粒子群算法参数寻优后的分类准确率为 77.00%，对应的最优参数 c 为 1.3314，最优参数 g 为 0.1000，粒子群算法的迭代过程见图 4.4。

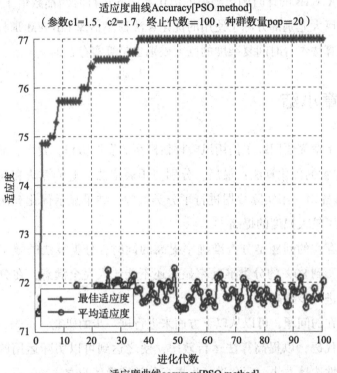

适应度曲线Accuracy[PSO method]
（参数c1=1.5，c2=1.7，终止代数=100，种群数量pop=20）

适应度曲线accuracy[PSO method]
（参数c=1.3314，0.1000，终止代数=100，种群数量pop=20）

图 4.4　粒子群算法迭代过程图

4.3.6　实验结果对比分析

各种实验方法的分类准确率如表 4.5 所示。从表 4.5 中可以看出，采用参数优化算法后可以明显提高 SVM 的分类准确率，三种优化算法中，针对 german 数据集，分类准确率最高的为表格法，但三种方法的准确率并没有明显的差别。

表 4.5　分类准确率对比

实验方法	原始实验	表格法	遗传算法	粒子群算法
分类准确率	69.90%	78.43%	77.86%	77.00%

　　优化算法虽然大幅度地提高了分类准确率，但同时也大大降低了算法的效率。通过 MATLAB 的计时函数测得的优化算法的运行时间都数倍于原始算法。当然时间的巨大差别部分源于使用的优化算法程序不像 LIBSVM 那样成熟，优化不够，但算法本身时间复杂度的巨大差别也是真实存在的。

4.4　本章小结

　　首先，本章简要回顾了信用风险评估模型的发展历程；其次，简要介绍了三种 SVM 参数的优化算法；最后，分别使用表格法、遗传算法和粒子群算法优化过的 SVM 对一组实际数据进行了分类实验，结果显示优化算法确实使分类准确率有了较大幅度的提高。

　　本研究存在的问题是分类准确率提高的同时，分类算法的效率却明显下降。此外，不到80%的分类准确率显然还不能让人完全满意，在分类准确率方面还有待进一步提高。

　　针对存在的问题，可以从以下方面来进行进一步的研究：首先，修改完善优化算法的代码，以提高算法运行效率，使之达到可以实际运用的要求。其次，结合属性选择方法，探究进一步提高分类准确率的方法。最后，采用集成的方法，将 SVM 和其他方法相结合。

参考文献

[1] 庞素琳. 信用评价与股市预测模型研究及应用：统计学、神经网络与支持向量机方法 [M]. 北京：科学出版社，2005.

[2] 陈建. 信用评分模型技术与应用 [M]. 北京：中国财政经济出版社，2005.

[3] Harrell, F. E. & Lee, K. L. A comparison of the discrimination of discriminant analysis and logistic regression. In P. K. Se （Ed.），Biostatistics：Statistics in biomedical, public health, and environmental sciences [M]. Amsterdam：North－Holland，1985.

［4］ Weimin Chen, Chaoqun Ma. Lin Ma, Mining the customer credit using hybrid support vector machine technique ［J］. Expert Systems with Applications, 2009 (36)：7611 – 7616.

［5］ West, D. Neural network credit scoring models ［J］. Computers and Operations Research, 2000 (27)：1131 – 1152.

［6］ Desai, V. S. , Conway, J. N. , & Overstreet, G. A. Jr. Credit scoring models in the credit u-nion environment using neural networks and genetic algorithms ［J］. IMA Journal of Mathe-matics Applied in Business and Industry, 1997 (8)：324 – 346.

［7］ Vapnik V. The nature of statistic learning theory ［M］. New York：Springer, 1995.

［8］ Lee, Y. – C. Application of support vector machines to corporate credit rating prediction ［J］. Expert Systems with Applications, 2007, 33 (1), 67 – 74.

［9］ 邓乃扬, 田英杰. 支持向量机：理论、算法与拓展 ［M］. 北京：科学出版社, 2009.

［10］ Zhang, G. P. Neural networks for classification：A survey ［J］. IEEE Transactions on Systems, Man, and Cybernetics – Part C：Applications and Reviews, 2000, 30 (4)：451 – 462.

［11］ 雷英杰, 张善文, 李续武, 周创明. MATLAB 遗传算法工具箱及应用 ［J］. 陕西：西安电子科技大学, 2005.

［12］ Chang, C. C. , & Lin, C. J. LIBSVM：A library for support vector machines ［J］. 2006. Available from：http：//www. csie. ntu. edu. tw/ ~ cjlin/libsvm.

附　　录

1. svm_liner 函数代码

```
function ［accuracy, accuracy_mean］ = svm_liner(data_matrix, number);
//获取输入矩阵的行数（记录个数）和列数（数据维数，最后一维为标记）
［row, line］ = size(data_matrix);
for n = 1：number
    //获取属性矩阵
    data = data_matrix (:, 1：line – 1);
    //获取类别矩阵
    label = data_matrix (:, line);
    rand_array = randperm (row);
    //选取前70% 数据为训练数据集，后30% 数据为测试数据集
    train_array = rand_array (1：round (0. 7 * row));
    test_array = rand_array (round (0. 7 * row) +1：1000);
```

```
    train_data = data（train_array,:）;

    train_label = label（train_array）;

    test_data = data（test_array,:）;

    test_label = label（test_array）;

    /*

    -t 参数 kernel_type：set type of kernel function（default 2 默认为 RBF）

        0 -- linear: u′ * v

        1 -- polynomial:（gamma * u′ * v + coef0）^degree

        2 -- radial basis function: exp（-gamma * | u - v |^2）

    */

    model = svmtrain（train_data, train_label,′-t 0′）;

    [a, b, c] = svmpredict(test_label, test_data, model);
//将第 n 次运算的分类准确率赋给 accuracy 向量的第 n 个值
    accuracy（n） = b（1）;

end
//计算平均分类准确率
accuracy_mean = mean（accuracy）;
```

2. svm_poly 函数代码

```
function [accuracy, accuracy_mean] = svm_poly（data_matrix, number）;
[row, line] = size（data_matrix）;
for n = 1：number
    data = data_matrix（:, 1：line-1）;

    label = data_matrix（:, line）;

    rand_array = randperm（row）;

    train_array = rand_array（1：round（0.7 * row））;

    test_array = rand_array（round（0.7 * row）+1：1000）;

    train_data = data（train_array,:）;

    train_label = label（train_array）;

    test_data = data（test_array,:）;

    test_label = label（test_array）;

    model = svmtrain（train_data, train_label,′-t 1′）;

    [a, b, c] = svmpredict（test_label, test_data, model）;
```

```
        accuracy (n) = b (1);
end
accuracy_mean = mean (accuracy);
```

3. svm_rbf 函数代码

```
function [accuracy, accuracy_mean] = svm_rbf (data_matrix, number);
[row, line] = size (data_matrix);
for n = 1: number
    data = data_matrix (:, 1: line - 1);
    label = data_matrix (:, line);
    rand_array = randperm (row);
    train_array = rand_array (1: round (0.7 * row));
    test_array = rand_array (round (0.7 * row) + 1: 1000);
    train_data = data (train_array,:);
    train_label = label (train_array);
    test_data = data (test_array,:);
    test_label = label (test_array);
    model = svmtrain (train_data, train_label,' - t 2');
    [a, b, c] = svmpredict (test_label, test_data, model);
    accuracy (n) = b (1);
end
accuracy_mean = mean (accuracy).
```

第 5 章　基于数据挖掘的
银行信贷评价方法

本章主要介绍了一个基于神经网络的信用评分预测模型，采用相关客户信用数据集，预测客户信用等级，并据此判断贷款可行性以及是否对银行贷款申请进行审批。分别采用反向传播神经网络和径向基函数神经网络两种方法对信用评分构建数据预测模型，以数据集属性作为输入层神经元，预测结果作为输出层神经元，对两个模型分别进行实证检验，并对预测精度进行对比分析。

5.1　引　言

近三十年来，财务风险预测已经成为统计和概率模型应用中主要增长的领域之一，财务风险预测的一个重要部分就是信用评分及行为评分。信用评分主要指信用评估机构利用信用评分模型对客户信用信息进行量化分析。金融机构可以根据信用评分界定客户信用等级，并以此确定对不同客户的不同业务范围，借此规避信用风险，如银行贷款的审批和信用卡的发放等。

信用评分发展初期，企业主要借助客户的社会地位、能力、声誉和财产担保等方面主观评价客户信用等级，如，Lyn. c Thomas 在文中提到的 5C 方法，主要是针对客户的品格、贷款额度、抵押品、客户净资产和市场条件五个方面对客户做出是否审批的决定。定性方法存在很多人为因素，导致评价误差太大，进而造成企业运营风险，给企业带来损失。随着计算机技术的发展，大量统计回归和人工智能算法开始运用到信用评分模型中，定量预测信用等级已经成为主流，定量分析在很大程度上可以降低人为主观因素的影响。

信用评分在银行贷款审批中有着重要意义。Lyn. c Thomas 提出作为预测主流，信用评分主要有两个发展方向：其一，需要一个结合经济状况并且能够根据经济的变化自动调整的风险预测技术；其二，对贷款公司而言，相对于确定最小违约比例的寻找，贷款机构更倾向于找出能带来最大收益的客户，并指出信用评分的目的、现有技术和面临的困难，重点从统计回归和机器分类两方面介绍信用等级的度量和预测。

根据美联邦储备金检查小组的报告，消费者贷款已经从中短期贷款发展至商品分期付款和个人消费服务，债务融资、车贷、房贷等成为贷款的主要类型。近年来，消费者贷款急速增加，很多贷款人破产或产生拖欠问题。贷款机构在决定是否发放贷款给申请贷款的客户时面临着以下两类主要问题：其一，对新客户来说，公司是否给一个新的申请者发放贷款；其二，对于老客户提出的贷款申请应该如何处理？是否批准一个老客户提高信用额度的要求，应把公司的营销目标定位在哪类客户？如果一个客户不及时还款，贷款机构应采取什么措施？这两类问题的处理方法都需要借助客户的信用评分，通过信用评分，放贷机构采用多种风险预测管理系统规避风险并做出决定。Ranshami Malhotra 等在文中提出了两种方法来进行信用评价：多重判别分析和神经网络，并对结果作出比较。文中还提到，在前人研究结果中，神经网络分类器的预测结果显著优于统计回归模型。Ranshami Malhotra 等指出这些统计回归模型并没有完全消除人为的主观因素，例如，评分底线的选择是一种主观决定，并且申请者评分是处于接受域还是拒绝域是非常主观的。为了规避贷款过程中主观因素的影响，人工智能技术被引入作为分类工具。结果表明，人工智能技术可以显著改进信用评分预测的精度。

Hsia 描述了一种增量方法，Hand & Henly 在对"拒绝推理"的深入研究中推断出，除非能假设一种特殊的关于优贷款和坏账的关系，使之能适用于接受群和拒绝群，否则这个问题很难被克服。David Durand 是第一个认识到可以通过某种方法区分优劣贷款的。1994 年，Cheng & Titterington 在其论文中提出，一种非线性回归的方法——神经网络被证明是一种普遍的方法并且高度契合信用评分。之后 Desai，Crook 和 Overstreet（1996），Desai，Conway，Crook 和 Overstreet（1997）将神经网络和回归及基因算法在客户信用评分中进行了对比，Rashmi Malhotra，D. K. Malhotra 将神经网络与判别分析的准确率进行对比。在其他类型的一些应用中，大量的算法混合使用神经网络、统计回归和运筹学，比如，Mangasarian 使用线性规划方法对神经网络进行训练，Ignizio 和 Soltys 创造了一种算法，使其覆盖了一种信用风险，他们是将神经网络和线性规划进行混合得出一种新的算法。

基于此，本章通过神经网络分类器对信用评分在银行贷款审批上的应用进行了实证检验与对比分析。使用信用评分数据集构建模型，并对数据分类效果进行分析与评价。

5.2 基于数据挖掘的银行信贷评价模型

5.2.1 基于 NN 的预测方法

神经网络（NN），简而言之，就是构建一个含有输入层、输出层和隐含层的模型，其中隐含层可以有多层，这组输入、输出单元相互连接，单元之间的每个连接都设置一个权重。输入层中神经元数目根据数据集中的属性数目确定，输出层在本章中为一个神经元，通过训练，设定迭代次数和误差及求出每个神经元的权重，确定模型，然后对输入数据进行预测，是属于 good 还是 bad。本章主要采用反向传播神经网络和径向基函数神经网络作为基本方法。

5.2.2 基于反向传播神经网络的预测方法

误差反向传播神经网络（BP 网络）是一种多层前馈神经网络，它的名字源于网络权值的调整规则，采用的是反向传播学习算法，即 BP 算法。BP 算法由 Rumechart 等在 1986 年提出，自此以后 BP 神经网络获得了广泛的实际应用。

BP 网络是一种单向传播的多层前向网络（结构如图 5.1 所示）。BP 网络是一种具有三层或三层以上的神经网络，包括输入层、中间层（隐含层）和输出层。上下层之间实现全连接，而每层神经之间无连接。当对一学习样本提供网络后，神经元的激活值从输入层经各中间层向输出层传播，在输出层的各层神经元获得网络的输入响应后，按照减少目标输出与实际输出误差的方向，从输出层经过各中间层逐层修正各连接权值，最后回到输入层，这种算法称为"误差逆传播算法"，即 BP 算法。

BP 网络的学习规则：

网络的输入向量 $P_k = (a_1^k, a_2^k, \cdots, a_n^k)$；

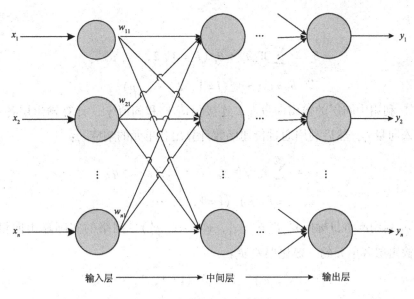

图 5.1　BP 网络结构图

网络的目标向量 $T_k = (y_1^k,\ y_2^k,\ \cdots,\ y_q^k)$；

中间层单元输入向量 $S_k = (s_1,\ s_2,\ \cdots,\ s_p)$；

输出向量 $B_k = (b_1,\ b_2,\ \cdots,\ b_p)$；

网络的输出层单元输入向量 $L_k = (l_1,\ l_2,\ \cdots,\ l_q)$，输出向量 $C_k = (c_1,$ $c_2,\ \cdots,\ c_q)$；

输入层至中间层的连接权 W_{ij}（$i = 1,\ 2,\ \cdots,\ n$；$j = 1,\ 2,\ \cdots,\ q$）；

中间层至输出层的连接权 V_{jt}（$j = 1,\ 2,\ \cdots,\ p$；$t = 1,\ 2,\ \cdots,\ q$）；

中间层各单元的输出阈值 θ_j（$j = 1,\ 2,\ \cdots,\ p$）；

输出层各单元的输出阈值 γ_t（$t = 1,\ 2,\ \cdots,\ q$）；

参数 $k = 1,\ 2,\ \cdots,\ m$。

① 初始化，给每个连接权值 W_{ij}，V_{jt}，阈值 θ_j，γ_t 赋予（-1，1）区间的随机值。

② 随机选取一组输入和目标样本 $P_k = (a_1^k,\ a_2^k,\ \cdots,\ a_n^k)$，$T_k = (y_1^k,\ y_2^k,$ $\cdots,\ y_q^k)$ 提供给网络。

③ 用输入样本 $P_k = (a_1^k,\ a_2^k,\ \cdots,\ a_n^k)$、连接权值 W_{ij} 和阈值 θ_j，计算中间层各单元的输入向量 S_j，然后用 S_j 通过传递函数计算中间层各单元的输出

向量 b_j：

$$S_j = \sum_{i=1}^{n} W_{ij}a_i + \theta_j \quad (j = 1, 2, \cdots, p)$$

$$b_j = f(S_j) \quad (j = 1, 2, \cdots, p)$$

④ 利用中间层的输出向量 b_j、连接权值 V_{jt} 和阈值 γ_t，计算输出层各单元的输入向量 l_t，然后利用通过传递函数计算出各单元的响应 c_t：

$$l_t = \sum_{j=1}^{p} V_{jt}b_t + \gamma_t \quad (t = 1, 2, \cdots, q)$$

$$c_t = f(l_t) \quad (t = 1, 2, \cdots, q)$$

⑤ 利用网络目标向量 $T_k = (y_1^k, y_2^k, \cdots, y_q^k)$、网络的实际输出向量 c_t，计算输出层各单元的一般化误差 d_t^k：

$$d_t^k = (y_t^k - c_t)(1 - c_t) \quad (t = 1, 2, \cdots, q)$$

⑥ 利用连接权 V_{jt}、输出层的一般化误差 d_t^k 和中间层的输出向量 b_j，计算中间层各单元的一般化误差 e_j^k：

$$e_j^k = \left(\sum_{t=1}^{q} d_t^k V_{jt}\right)b_j(1 - b_j)$$

⑦ 利用输出层各单元的一般化误差 d_t^k 与中间层各单元的输出向量 b_j 来修正连接权值 V_{jt} 和阈值 γ_t：

$$V_{jt}^k(N+1) = V_{jt}^k(N) - \alpha d_t^k b_j$$

$$\gamma_t^k(N+1) = \gamma_t^k(N) - \alpha d_t^k$$

其中，$t = 1, 2, \cdots, q$；$j = 1, 2, \cdots, p$；$0 < \alpha < 1$。

⑧ 利用中间层各单元的一般化误差 e_t^k，输入层各单元 $P_k = (a_1^k, a_2^k, \cdots, a_n^k)$ 来修正权值 W_{ij} 和阈值 θ_j：

$$W_{ij}^k(N+1) = W_{ij}^k(N) - \beta e_j^k a_t^k$$

$$\theta_j^k(N+1) = \theta_j^k(N) - \beta e_j^k$$

其中，$i = 1, 2, \cdots, n$；$j = 1, 2, \cdots, p$；$t = 1, 2, \cdots, n$；$0 < \beta < 1$。

⑨ 随机选取下一个学习样本向量提供给网络，返回到步骤③直到 m 个样本训练完毕。

⑩ 重新从 m 个样本中随机选取一组样本和目标样本，返回步骤③，直到网络全部误差 E 小于预定的一个极小值，即网络收敛。如果学习次数大于预定

的值，网络就无法收敛。

⑪ 学习结束。以上学习步骤中⑦～⑧为网络误差的"逆传播过程"，⑨～
⑩步则完成训练和收敛过程。

BPNN 的不足：本质上讲，BP 网络是一种静态的学习网络，属于非线性
优化组合问题，它不具有动态信息处理能力，采用梯度下降搜索算法，不可避
免地存在局部极小状态，该方法具有对网络权值及阈值的赋值随机性和对初始
值的敏感性。对于较大的搜索空间，BP 算法对于多峰值和不可微函数不可能
有效地搜索到全局极小值，因而不能保证网络学习过程总是趋于全局稳定状
态。并且当标准的反向传播算法应用于实际问题时，训练将花较长时间。

5.2.3　径向基函数神经网络

径向基函数本质是将输入数据从一个空间转换到另一个空间以实现对数据
的线性划分。

例如，在线性坐标中，对图 5.2 所示的情况进行线性划分，◆和◇分属不
同类，若依据线性划分则无法将其划分，这种情况就需构造一径向基函数使其
能进行线性划分。

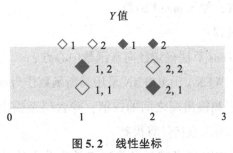

图 5.2　线性坐标

RBF 网络的基本思想是：用径向基函数作为隐单元的基构成隐含层空间，
这样就可以将输入向量映射到隐空间。确定径向基函数的中心点之后，映射关
系随之确定。这样网络的权就由非线性映射转变为线性映射，从而大大加快了
学习速度。

径向基函数神经网络（RBF 网络）是一种前馈神经网络，一般为三层结
构，见图 5.3。

图 5.3 为 $n-h-m$ 结构的 RBF 网络，即网络具有 n 个输入节点，h 个隐节

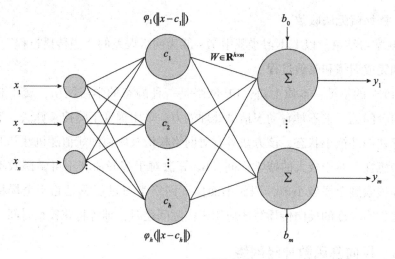

图 5.3　RBF 网络结构

点，m 个输出节点。其中 $X = (x_1, x_2, \cdots, x_n)$，$T \in \mathbf{R}_n$ 为网络输入矢量，$W \in \mathbf{R}^{h \times m}$ 为输出权矩阵，$b_0, b_1, \cdots, b_m$ 为输出单元偏移量，$Y = (y_1, y_2, \cdots, y_m)$ 为网络输出，$\phi_i (\| x - c_i \|)$ 为第 i 个隐节点的激活函数。图 5.3 中输出层节点中的 Σ 表示输出层神经元采用线性激活函数，当然输出神经元也可以采用其他非线性激活函数，如 Sigmoid 函数。

RBF 网络学习过程：

（1）采用 k - means 算法确定径向基函数中心点 c；

（2）计算方差，WEKA 中 RBFNN 采用高斯函数作为基函数；

（3）计算隐含层和输出层之间的权值：隐含层至输出层之间神经元的连接权值可以用最小二乘法直接计算得到。

与 BPNN 不同，RBF 网络的最显著特点是隐节点的基函数采用距离函数（如，欧氏距离），并使用径向基函数（如，Gaussian 函数）作为激活函数。径向基函数关于 n 维空间的一个中心点具有径向对称性，而且神经元的输入离该中心点越远，神经元的激活程度就越低。隐节点的这一特性常被称为"局部特性"。因此 RBF 网络的每个隐节点都具有一个数据中心。由于每个神经元具有局部特性，最终整个 RBF 网络也呈现"局部映射"特性，即，RBF 网络是一种局部相应神经网络。这意味着如果神经网络有较大的输出，必定激活了一个或多个隐节点。

5.3　实证检验

关于银行信贷的数据集网络上主要有 Australian、German、Japanese 三个，其中 Australian、Japanese 是关于个人信用卡申请的数据，German 是关于贷款申请的数据，另自己获取 China Credit 数据集。

采用的 German Credit Dataset（如表 5.1 所示）含有 21 个属性，1000 组数据（700good，300bad）。

表 5.1　German Credit Dataset 具体属性

编　号	属　性
1	Status of existing checking account
2	Duration in months
3	Credit history
4	Purpose
5	Credit account
6	Savings account/bonds
7	Present employment since
8	Installment rate in percentage of disposable income
9	Personal status and sex
10	Other debtors/guarantors
11	Present residence since
12	Property
13	Age in years
14	Other installment plans
15	Housing
16	Number of existing credits at this bank
17	Job
18	Number of people being liable to provide maintenance for
19	Have telephone or not
20	Foreign worker
21	Good or bad

China Credit 数据集含有 15 个属性，239 组数据（148good，91bad），鉴于该数据中所有属性均已隐藏，就不一一列出。

实验使用的软件是 WEKA（Waikato Environment for Knowledge Analysis）

3.7.5。该软件是由 University of Waikato 所开发的。WEKA 是一个基于 JAVA 的开源软件，其中集成了各类数据挖掘中的分类、聚类、关联规则等算法。为了完成前文提到的实验，采用了 WEKA 中的 MultiLayerPerceptron 模块（WEKA 中的反向传播神经网络算法）、RBFnetwork（WEKA 中的径向基函数神经网络算法，该算法需在 WEKA 中添加算法包）。

5.3.1 数据预处理

将获取到的数据集转换为 WEKA 使用的 . arff 格式，可通过 Excel 中的. csv 格式文件在 WEKA 中保存为 . arff 格式文件，目前 WEKA 只能处理 . csv 格式转换。或按笔者采用方式，按照 . arff 格式文件在 . txt 文档中的形式，独立写入数据集名（示例语句@ relation bank－data，创建一个名为 bank－data 的关系集）、属性名（@ attribute id，创建一个 id 属性）、数据（@ data），. arff 文件中每条属性回车隔开，各数据内不同属性的值用逗号隔开。

5.3.2 采用反馈神经网络建模

BPNN 在 WEKA 中表现为 MultiLayerPerceptron，其具体可调节参数有 L，M，N。其中 L 为学习率，M 为冲量（加权的改变先前的权值），N 为迭代次数。鉴于本次实验只是为了熟悉算法，故参数均采用默认参数。

第一组实验：对数据进行 10－folds Cross－validation（$L = 0.3$，$M = 0.9$，$N = 500$，使用数据集为 China Credit Data）。

实验结果如表5.2所示。

表5.2　BPNN 第一组实验结果混淆矩阵

预测 ＼ 实际	Good	Bad
Good	$TP = 113$	$TN = 37$
Bad	$FP = 43$	$FN = 48$
结果分析	Type1 error	25.0%
	Type2 error	47.3%
	HiteRate	66.5%

各指标含义如下：

（1）HitRate：命中率，即预测准确的数据量的百分比。

$$HitRate = \frac{TP + FP}{FP + TP + FN + TN}$$

（2）Type1error：将 good 数据预测为 bad 数据的百分比。

$$Type1\,error = \frac{TN}{TP + TN}$$

（3）Type2error：将 bad 数据预测为 good 数据的百分比。

$$Type1\,error = \frac{FN}{FP + FN}$$

第二组实验：对数据进行 10 – folds Cross – validation（$L = 0.3$，$M = 0.9$，$N = 500$，使用数据集为 German Credit Data）。

实验结果如表 5.3 所示。

表 5.3　**BPNN 第二组实验结果混淆矩阵**

预测＼实际	Good	Bad
Good	$TP = 465$	$TN = 235$
Bad	$FP = 142$	$FN = 158$
结果分析	Type1error	33.6%
	Type2error	47.3%
	HiteRate	62.3%

5.3.3　采用径向基函数神经网络建模

RBFNN 在 WEKA 中表现为 RBFnetwork，其中需调节参数为 B，W，R。其中，B 为采用 k – means 算法聚类的簇数，W 为聚类最小标准偏差，R 为接受误差值。鉴于本次实验只是为了对算法的熟悉，故参数均采用默认参数。

第一组实验：对数据进行 10 – folds Cross – validation（$B = 2$，$W = 0.9$，使用数据集为 China Credit Data）。

实验结果如表 5.4 所示。

第二组实验：对数据进行 10 – folds Cross – validation（$B = 2$，$W = 0.9$，使用数据集为 German Credit Data）。

表 5.4　RBFNN 第一组实验结果混淆矩阵

实际 预测	Good	Bad
Good	$TP = 136$	$TN = 12$
Bad	$FP = 70$	$FN = 21$
结果分析	Type1 error	8.1%
	Type2 error	76.9%
	HiteRate	65.7%

实验结果如表 5.5 所示。

表 5.5　RBFNN 第二组实验结果混淆矩阵

实际 预测	Good	Bad
Good	$TP = 607$	$TN = 93$
Bad	$FP = 167$	$FN = 133$
结果分析	Type1 error	13.3%
	Type2 error	55.7%
	HiteRate	74.0%

5.4　本章小结

通过以上几组数据对比，可以得出如下结论。

BPNN 的预测结果比较平衡，对 good 及 bad 的准确率维持在接近水准。

RBFNN 的预测结果中，对 good 数据的预测准确率比对 bad 数据的预测准确率高出很多，但对 bad 数据的预测力较弱，且 RBFNN 的时间复杂度远低于 BPNN。

在对数据预测准确率上，笔者认为可再对数据进行平衡抽样来提高，或者直接对数据进行 Oversampling 扩大训练数据集内的数据量。

由于当今贷款机构对贷款违约率的关注度逐渐减少而倾向于对收益率的重视，之后的工作可能会将数据与实际收益进行连接，不单是预测贷款违约率，而是将贷款可能带来的收益也加入到模型中进行协同预测计算。

参考文献

[1] Lyn C. Thomas: A Survey of credit and behavioural scoring: forecasting financial risk of lending to consumers [J]. International Journal of Forecasting, 2000 (16): 149 – 172.

[2] Rashmi Malhotra, D. K. Malhotra: Evaluating consumer loans using neural networks [J]. Omega, 2003 (31): 83 – 96.

[3] Hsia, D. C. Credit scoring and the Equal Credit Opportunity Act [J]. The Hastings Law Journal, 1978 (30): 371 – 448.

[4] Hand, D. J. & Henley, W. E. Can reject inference ever work [J] IMA Journal of Mathematics Applied in Business and Industry, 1993 (5): 45 – 55.

[5] Hand, D. J. & Henley, W. E. Statistical classification methods in consumer credit [J]. Journal of the Royal Statistical Society, 1997, Series A 160: 523 – 541.

[6] Durand, D. Risk elements in consumer installment financing [J]. New York: National Bureau of Economic Research, 1941.

[7] Cheng, B., & Titterington, D. M. Neural networks: a review from a statistical perspective [J]. Statistical Science, 1994 (9): 2 – 30.

[8] Desai, V. S., Crook, J. N. & Overstreet, G. A. A comparison of neural networks and linear scoring models in the credit environment [J]. European Journal of Operational Research, 1996 (95): 24 – 37.

[9] Desai, V. S., Convay, D. G., Crook, J. N., & Overstreet, G. A. Credit scoring models in the credit union environment using neural networks and genetic algorithms [J]. IMA Journal of Mathematics Applied in Business and Industry, 1997 (8): 323 – 346.

[10] Ming – Chun Tsai, Shu – Ping Lin, Ching – Chan Cheng, Yen – Ping Lin. The consumer loan default predicting model – An application of DEA – DA and neural network [J]. Expert Systems with Applications, 2009 (36): 11682 – 11690.

[11] Mangasarian, O. L. Linear and nonlinear separation of patterns by linear programming [J]. Operations Research, 1965 (13): 444 – 452.

[12] Ignizio, J. P., & Soltys, J. R. An ontogenic neural network bankruptcy classification tool [J]. IMA Journal of Mathematics Applied in Business and Industry, 1996 (7): 313 – 326.

[13] Weka Manual for Version 3. 7. 5., http: //www. gnu. org/copyleft/gpl. html.

第三篇

证券数据挖掘

第6章　基于粗糙集的股票价格预测方法

本章主要介绍了一种基于粗糙集的股票价格指数预测模型，可用于对国家股市大盘指数进行分析和预测。首先，本章简要描述了股票市场的情况；其次，详细介绍了粗糙集理论的相关概念；再次，提出将该方法应用于股票价格指数预测，构建预测模型；最后，对该模型进行实证检验分析。

6.1　引　言

目前，在股票市场上使用的预测方法主要分为两大类：第一类是基本面分析法，主要根据经济学、金融学、投资学等基本原理，从宏观经济分析（依据各类经济指标和经济政策）、行业和区域分析（依据行业所属市场类型和所处生命周期）及公司分析（依据公司财务状况、经营管理能力及发展潜力等）三个方面推导得出预测结论；第二类是技术分析法，该方法基于三项市场假设：市场的行为包含一切信息；价格沿趋势移动；历史会重复。因而，该方法是一种根据股票市场自身的变化规律得出结果的分析方法。

在过去的二十多年里，我国的股票市场快速成长，为我国经济的蓬勃发展添上了浓墨重彩的一笔，行内外越来越多的人试图探寻股票的运动规律。本章以上证综合指数相关的技术指标为条件，使用粗糙集这种专门处理不确定性和模糊性知识的数学工具对股票价格指数进行预测。实验结果证明，该方法具有较高的预测精度和良好的应用前景，但过程中也必定存在某些不足，供大家学习借鉴。

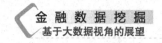

6.2 基于粗糙集的预测方法

6.2.1 粗糙集理论引言

1982 年，波兰数学家 Pawlak 提出一种继概率论、模糊集和证据理论之后，新的处理不确定性、不一致性和不完整性问题的数学工具——粗糙集（Rough Set）。该理论的核心思想是在稳定分类能力不变的情况下，通过约简得到分类规则或问题的决策分类，通常是从不完整、不充分的信息中，挖掘数据中隐含的有价值的规律。近年来，粗糙集成为国际上人工智能理论及应用领域里的研究热点之一，在信息分析、数据挖掘、决策支持系统、模式识别等方面取得了成功。与此同时，在医学、金融、图像处理、字符与语音识别等其他众多领域也都有十分重要的应用，其可用性和有效性得到了相应的证实。

6.2.2 粗糙集的相关概念

（一）不可分辨关系

设 $U = \{x_1, x_2, \cdots, x_n\}$ 为我们所讨论对象的集合，非空且有限，将其称为论域（Universe）。若有 R 是 U 的一个等价关系，用 $[x]_R$ 表示 x 的 R 等价类。R 的所有等价类构成 U 的一个划分，即 R 的所有等价类构成一个集合，用 U/R 表示，称为等价关系族。

定义 6.1 通常称二元组 $K = (U, R)$ 为论域 U 的近似空间或一个知识库。设等价关系 $P \subseteq R$，且 $P \neq \varnothing$，则 P 中所有等价关系的交集称为 P 上的不可分辨关系，记为 IND (P)，即有

$$[x]_{\text{IND}(P)} = \bigcap_{\forall S \in P} [x]_S$$

由于 IND (P) 是所有等价关系的交集，所以，IND (P) 也是一种等价关系。如果有 $(x, y) \in \text{IND}(P)$，那么对象 x 与 y 不可分辨，即，由于 x 与 y 在同一个等价类里，按照等价关系族 P 形成的分类知识（分类方法），x 与 y 不可区分。

（二）集合的上近似与下近似

给定二元知识库（近似空间）$K = (U, R)$，其中，U 是非空且有限的论

域，R 为论域 U 的一个等价关系。下面给出，对于任意集合 $X \subseteq U$ 关于知识库 K 的下近似和上近似的定义。

关于集合 X 的上近似、下近似和边界区域见图 6.1（其中每个方块代表一个等价类）。

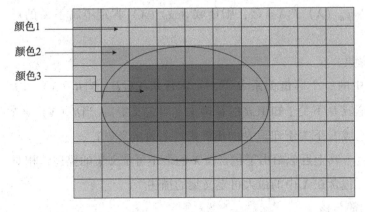

颜色1 →
颜色2 →
颜色3 →

颜色1：负域
颜色3：正域（下近似）
颜色2：边界区域
颜色2+颜色3：上近似
—：集合X的边界

图 6.1　集合 X 的上近似、下近似和边界区域示意图

定义 6.2（下近似）

集合 X 的 R 下近似（Lower Approximation）为

$$\underline{R}\,(X) = \{x \mid x \in U,\ [x]_R \subseteq X\}$$

根据知识 R 判断，下近似 $\underline{R}\,(X)$ 肯定属于 X 的对象集合。

定义 6.3（上近似）

集合 X 的 R 上近似（Upper Approximation）为

$$\overline{R}\,(X) = \{x \mid x \in U,\ [x]_R \cap X \neq \varnothing\}$$

根据知识 R 判断，$x \subseteq \underline{R}\,(X)$，$\underline{R}\,(X)$ 有可能属于 X 的对象集合。

定义 6.4（边界区域）

集合 X 的 R 边界区域（Boundary Regions）为

$$B_R\,(X) = \overline{R}\,(X) - \underline{R}\,(X)$$

根据知识 R，$B_R\,(X) \subseteq \overline{R}\,(X)$，$B_R\,(X) \cap \underline{R}(X) = \varnothing$，则无法判断 B_R (X) 是否属于 X 的对象集合。

定义 6.5（正域）

集合 X 的 R 正域（Positive Regions）为

$$\text{Pos}_R\,(X) = \underline{R}\,(X)$$

根据知识 R 判断，正域 Pos_R (X) 肯定属于 X 的对象集合。

定义 6.6（负域）

集合 X 的 R 负域（Negative Regions）为

$$\text{Neg}_R\ (X)\ = U - \overline{R}\ (X)$$

根据知识 R 判断，Neg_R (X) $\cap X = \varnothing$，则负域 Neg_R (X) 肯定不属于 X 的对象集合。

定义 6.7（粗糙集）

在论域 U 和其中的一个等价关系 R 下，给定任意 $X \subseteq U$。当 $\overline{R}$ (X) $= \underline{R}$ (X)，称集合 X 是论域 U 下关于知识 R 的精确集（可定义集）；当 $\overline{R}$ (X) $\neq \underline{R}$ (X)，称集合 X 是论域 U 下关于知识 R 的粗糙集（不可定义集）。

对于粗糙集而言，其上近似给出了包含在 X 的最小可定义集的描述。相对的，其下近似给出了包含在 X 中的最大可定义集的描述。

（三）知识的约简与核

知识约简是粗糙集理论的核心内容之一，它在智能信息和数据处理中占有十分重要的地位，它也常常反映了一个决策系统的本质。通常，在知识库（决策系统）中并非所有的知识（属性）对于决策都是同等重要的，那么，剔除冗余知识，得到最重要的知识就非常重要。所谓知识约简是指通过某种方式对知识进行约简，删除其中不必要的知识，并保证简化后的决策系统具有与原先系统一样的分类能力。

约简（Reduction）与核（Core）是知识约简中两个最基本的概念。认识这两个概念的前提是理解知识的独立性。

定义 6.8（独立性）

给定知识库（二元近似空间）$K = (U, R)$ 和知识库中的一个等价关系族，$P \subseteq R$，$\forall S \in P$，如果有

$$\text{IND}\ (P)\ = \text{IND}\ (P - \{S\})$$

成立，则认为知识 S 对于 P 不必要，否则认为知识 S 对于 P 必要。

如果对于每一个 $S \in P$，S 都为 P 中的必要，则称 P 为独立，否则称 P 是依赖（不独立）。

定义 6.9（知识约简）

给定知识库（二元近似空间）$K = (U, R)$ 和知识库中的多个等价关系

族，$P \subseteq R$，对于 $\forall G \subseteq P$，如果 G 满足以下两个条件：

① G 独立；

② ING (G) $=$ IND (P)。

则称 G 是 P 的一个约简，表示为 $G \in$ RED (P)，RED (P) 为 P 的全体约简构成的集合。通常，知识可以有多个约简，并不唯一。

定义 6.10（核）

给定知识库（二元近似空间）$K = (U, R)$ 和知识库中的一个等价关系族，$P \subseteq R$，$\forall S \in P$，如果有

$$\text{IND} (P - \{S\}) \neq \text{IND} (P)$$

成立，则认为 S 对于 P 必要，此时，P 中所有必要知识构成的集合称为 P 的核，表示为 CORE (P)。

核等于知识所有约简的交集，是约简中最基础、最重要的部分，但它也可以是空集。于是有

$$\text{CORE} (P) = \cap \text{RED} (P)$$

6.3　基于粗糙集的股票预测模型

基于粗糙集理论在处理不精确、不一致、不完整信息上的优势，笔者设计并构建出了基于粗糙集的预测方法模型，模型过程见图 6.2。从图 6.2 可以看出，此模型可理解为单方法多集成模型，有一定的局限性，但希望有一定的借鉴性，其主要包括以下五个步骤：

第 1 步：数据样本的选择。可从不同来源选择最可靠的数据样本，即，选择不同国家具有代表性的股票指数。

第 2 步：数据预处理。首先，由于粗糙方法的特殊性，选择出来的数据必须经过离散化，变换成模型接受的数据形式。其次，将数据集划分为训练集和测试集。

第 3 步：训练决策模型。利用粗糙集方法理论的约简最终得到决策规则集，通过一定的方法筛选出有效规则，集合成有效训练决策模型。多个决策模型的产生是由于条件属性的约简集不同或条件属性使用的离散化方法不同造成的。

第4步：对模型进行测试。利用测试集对模型的有效性进行验证，过程中也对预测结果模型进行适当的调整。

第5步：预测模型。反复多次，对上述过程进行操作，最终得到预测结果较好且稳定的预测模型，并对模型进行评估。

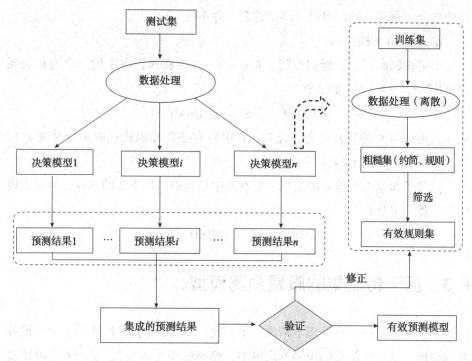

图6.2　股票价格指数预测模型

6.4　实证分析

股票价格指数的预测，实质就是对股票市场或对宏观经济市场的预测。通常经济学家们只会对经济的未来发展走势作出一个定性解释，采取的是基本面方法。而本章所提到的预测模型，属于技术面分析，通常都是偏向于短期股指走势的预测。其思想是基于前文引言提到的三大假设（市场的行为包含一切信息，价格沿趋势移动，历史会重复）。本章实证部分以上证综合指数作为样本进行实证分析。

6.4.1　数据准备

采用 1991 年 1 月 4 日至 2010 年 12 月 5 日上证综合指数作为源数据，总共 4798 条。并将数据分为两部分：样本数据集 4398 条；验证数据集 400 条。

表 6.1 对常用股票指数技术指标及属性进行简要的说明。

表 6.1　k – means 实验设计中技术指标及说明

序号	技术指标名称	说　明
1	开盘价	每个交易日开市后的第一笔买卖成交价格
2	最高价	在每个交易日从开市到收市的交易过程中所产生的最高价格
3	最低价	在每个交易日从开市到收市的交易过程中所产生的最低价格
4	收盘价	一天交易活动结束前最后一笔交易的成交价格
5	Vol	反映在一定时期内市场平均成交情况，提供了给定价格运动的交易密集程度的线索
6	MACD	根据移动平均线原理，对股票价格的收盘价进行平滑处理，求出其加权移动后，再进行计算，得到一种走向趋势跟踪动量指标
7	DMI	分析股票价格在涨跌过程中买卖双方力量均衡点的变化情况
8	ROC	以今天之价格比较其 N 天前之价格，以比率表示
9	PSY	从股市投资者的买卖趋向的心理方面，对多空双方力量进行对比
10	VR	成交量变异率，主要的作用在于以成交量的角度测量股价的热度

6.4.2　数据处理

由于我国股票市场早期政府干预程度较大且市场自主能力较差，为减少影响将训练数据集中前 500 条数据剔除。因此训练集数据为 3898 条，测试数据集为 400 条。另外，在数据属性的选择方面，统计选择常用技术指标 20 个，如表 6 – 2 所示。

Pawlak 提出的粗糙集理论提供了一种处理离散型属性数据非常有效的工具，但其缺点是不能直接就连续型数据进行处理。因此，在应用粗糙集理论处理数据前，数据必须以类别的方式呈现。因此，连续变量必须进行离散化，离散后的结果可能会使原始数据的精度减少，但它的一般性将增加。对于连续变量的离散化方法可分为有监督离散法和无监督离散法，无监督离散法可视为一个简单的聚类过程，如基于等频率区间法、等大小宽度区间法。连续变量的有监督离散化方法可分为两类，全局离散方法与局部离散方法，局部离散方法仅考虑决策表的子区域，且通常一次包括一个连续条件属性变量的离散，如最小熵法及将 Chi 平方统计变量作为适合性度量的 Chi 合并方法、Chi2 方法等；而全局离散方法在离散过程中考虑条件属性组，如采用基于粗糙集理论的终止标准，构造一个全局的聚类方法。

在本章的实证分析中，为实验操作上和理解上的简便，将数据的离散分别按照数据属性的性质进行处理：对波动型数据属性进行等频处理；对趋势型数据属性进行经验分段处理。具体离散化方法如表6.2 所示。

表6.2 实证技术指标及离散化方法说明

ID	字段	描述	处理
1	O_Price	开盘	等数量分为 3 段
2	H_Price	最高	等数量分为 3 段
3	L_Price	最低	等数量分为 3 段
4	C_Price	收盘	等数量分为 3 段
5	Vol	成交量	等数量分为 3 段
6	Deal	成交额	等数量分为 3 段
7	MA_V	五日移动平均线（Moving average Index，MA）	等数量分为 3 段
8	MA_X	十日移动平均线	等数量分为 3 段
9	MACD	指数平滑异同移动平均线	等数量分为 3 段
10	WR_Ⅲ	威廉指标	≤20 为超买；≥80 为超卖；因为是预测，将范围加大。≤30 为 -1；≥70 为 1；其他为 0
11	K	K	≤20 为超买；≥80 为超卖
12	D	D	等数量分为 3 段
13	J	J	等数量分为 3 段
14	RSI_VI	相对强弱指数（Relative Strength Index）	≥70 为 1；≤30 为 -1；其他为 0
15	PSY	心理线（Psychological Line）	分为≤25，25~75，≥75 三部分

92

ID	字段	描　述	处　理
16	OBV	能量潮指标 (On Balance Volume)	等数量分为 3 段
17	VR	成交量比率（Volume Ratio)	分为≤80、80 ~ 160、160 ~ 450、≥450 四个部分
18	AR	买卖意愿指标	80、120
19	BIAS_Ⅵ	乖离率，偏离率	≥3.5 为 1；≤ -3 为 -1； 其他为 0
20	ROC_Ⅻ	市场变动率（Rate of Change)	等数量分为 3 段
21	TAG	结果值	等数量分为 3 段

按照表 6.2 方法，将训练数据集进行离散化后，得到部分离散化后的训练数据集，如表 6.3 所示。

表 6.3　部分离散化后数据

ID	O_Price	H_Price	L_Price	C_Price	Vol	MACD	ROC_Ⅻ	...
1	(100.038123 – 101.051308]	(100.081324 – 100.752484]	(100.017149 – 100.926118]	(99.142827 – 100.047862]	(116.110399 – 1000)	(0.313237 – 5.431551]	(0.178306 – 4.183804]	...
2	(99.027633 – 100.038123]	(–1000 – 99.248575]	(–1000 – 99.174971]	(99.142827 – 100.047862]	(116.110399 – 1000)	(5.431551 – 1000)	(0.178306 – 4.183804]	...
3	(–1000 – 99.027633]	(100.752484 – 1000)	(100.017149 – 100.926118]	(100.965287 – 1000)	(98.516008 – 116.110399]	(5.431551 – 1000)	(0.178306 – 4.183804]	...
4	(101.051308 – 1000)	(100.752484 – 1000)	(100.926118 – 1000)	(100.965287 – 1000)	(116.110399 – 1000)	(5.431551 – 1000)	(0.178306 – 4.183804]	...
n	...	...	...	...	...	...	...	...

6.4.3　基于粗糙集的决策模型

Pawlak 粗糙集理论是基于等价关系，将上近似集和下近似集引入使得论域中任一粗糙集都可以用已知的知识元来近似描述。而知识约简（即属性约简），可以把隐藏在信息系统中不必要的或者是冗余的属性去掉，但又不干扰到知识的分类。

Rosetta 粗糙集工具包是一款常被用来进行知识约简和生成决策规则的工

具。利用它首先对 3898 条训练数据进行 20 个条件属性下的约简操作，总共得到 11 条约简如表 6.4 所示，11 个属性在总共 11 条约简中出现的次数统计如表 6.5 所示。

表 6.4　属性约简表

ID	REDUCT	LENGTH
1	{O_Price, L_Price, C_Price, Vol, P_ADI, ROC_XII, VR}	7
2	{O_Price, H_Price, L_Price, C_Price, N_ADI, ROC_XII, VR}	7
3	{O_Price, H_Price, L_Price, C_Price, P_ADI, N_ADI, ROC_XII}	7
4	{O_Price, H_Price, L_Price, C_Price, Vol, P_ADI, ROC_XII}	7
5	{O_Price, H_Price, L_Price, C_Price, MACD, N_ADI, VR}	7
6	{O_Price, H_Price, L_Price, C_Price, Vol, MACD, P_ADI}	7
7	{O_Price, H_Price, L_Price, C_Price, MACD, P_ADI, N_ADI, PSY_III}	8
8	{O_Price, L_Price, C_Price, Vol, MACD, P_ADI, PSY_III, VR}	8
9	{O_Price, L_Price, C_Price, Vol, MACD, P_ADI, N_ADI, VR}	8
10	{O_Price, L_Price, C_Price, Vol, N_ADI, ROC_XII, PSY_III, VR}	8
11	{O_Price, L_Price, C_Price, Vol, MACD, N_ADI, PSY_III, VR}	8

表 6.5　属性在约简中的占比

Attribute	Count	Percentage（%）
C_Price	11	100
L_Price	11	100
O_Price	11	100
N_ADI	7	63.636364
P_ADI	7	63.636364
Vol	7	63.636364
VR	7	63.636364
H_Price	6	54.545456
MACD	6	54.545456
ROC_XII	5	45.454544
PSY_III	4	36.363636

然后，对每一个约简生成相应的决策规则，共产生 4723 条规则（部分规则，如表 6.6 所示），相应的规则支持度信息如表 6.7 所示。

表6.6　由约简生成的规则表（仅截取部分）

ID	Rule	RHS_Support	RHS_Accuracy	LHS_Coverage	LHS_Length
26	…	…	…	…	…
27	O_Price（（100.038123 – 101.051308]）AND L_Price（（100.926118 – inf））AND C_Price（（100.965287 – inf））AND Vol（（116.110399 – inf））AND P_ADI（（33.633394 – inf））AND ROC_XII（（4.183804 – inf））AND VR（3）= > Tag（Up）	2	1	0.0025	0.004376
28	O_Price（（101.051308 – inf））AND L_Price（（100.926118 – inf））AND C_Price（（100.965287 – inf））AND Vol（（98.516008 – 116.110399]）AND P_ADI（（33.633394 – inf））AND ROC_XII（（4.183804 – inf））AND VR（3）= > Tag（Up）	12	1	0.015	0.026258
29	O_Price（（100.038123 – 101.051308]）AND L_Price（（100.017149 – 100.926118]）AND C_Price（（100.047862 – 100.965287]）AND Vol（（84.347644 – 98.516008]）AND P_ADI（（33.633394 – inf））AND ROC_XII（（4.183804 – inf））AND VR（3）= > Tag（Up）	3	1	0.00375	0.006565
n	…	…	…	…	…

表6.7　所有规则支持度统计信息

mean	std. dev.	median	minimum	maximum
1.337589	1.134817	1.0	1	26

通过对低支持度规则和预先规则的筛选，最终得到有效决策规则共3363条。最后，将其打包形成一个决策模型。

将训练数据中的条件属性与决策属性进行相关性分析，进行信息熵增益排名，按比例减少条件属性的个数，在不同条件属性个数的情况下，分别按照上述决策模型的制作过程，制作打包多个决策模型。实证过程中，分别用20、11、8、6种属性条件进行模型构建，属性的删减根据表6.8排名进行剔除。这样做的目的是将某种单一条件下属性进行组合以对最终决策产生影响。因此，实证过程中会有5个决策模型生成。

条件属性与决策属性的信息熵增益分析结果如表6.8所示。

表6.8　信息熵增益分析结果

GainRation	0.01101	0.00793	0.00679	0.00617	0.00558	0.00542	0.00492	0.00459	0.004	0.00368
Ranking	14	12	8	10	13	17	20	7	16	19
Name	BIAS_Ⅵ	OBV	MA_X	D	ROC_Ⅻ	VR	K	MA_V	WR	PSY
GainRation	0.0035	0.00263	0.00237	0.0023	0.00218	0.0021	0.00156	0.00127	0.00119	0.00102
Ranking	18	15	1	2	11	9	6	5	4	3
Name	AR	RSI_Ⅵ	O_Price	H_Price	J	MACD	Deal	Vol	C_Price	L_Price

不同个数条件属性下构建出的决策模型相关信息如表6.9所示。

表6.9　5个决策模型的相关信息

模型编号	指标数目	约简-规则数
1	20	11～3363
2	16	8～1197
3	11	7～964
4	8	7～765
5	6	7～394

6.4.4　实验结果分析

将400条测试数据进行适当的数据处理后，通过模型集成预测结果。每一条数据通过模型会对应5个决策模型，因此，一条决策模型下会得到一个决策结果，共产生11个决策结果。最后对这5个决策模型的预测结果进行统计总和，生成一个最终的决策结果。表6.10是其中一条数据的测试结果。

表 6.10　一条数据的测试结果

ID	Model 1		Model 2		Model 3		Model 4		Model 5		Validation – R		Real – R
	Up	Dn	Up	Dn	Up	Dn	Up	Dn	Up	Dn	Up	Dn	–
1	–	1	–	–	1	–	2	–	–	–	3	1	Up

注：Up 表示涨。

　　　Dn 表示跌。

　　　Validation – R 表示验证预测结果。

　　　Real – R 表示实际结果。

由表 6.10 可知，ID 为 1 的数据分别在 Model1、Model3、Model4 下获得了 3 个看涨的决策支持和一个看跌的决策支持。最终验证预测结果为 Up（涨），有 3 条涨的支持与实际结果相符。以此类推，通过余下测试数据进行验证性预测，得到最终的预测结果汇总如表 6.11 所示。

表 6.11　预测结果

训练数据	约简数	规则数	测试数据	预测结果（59/400）	正确	错误	准确率
3898	40	6683	400	59	31	28	52.54%

由预测结果可以看出，通过粗糙方法对股票指数预测准确率还是相当高的，美中不足的是存在较多无法判定的预测结果。

6.5　本章小结

通过实际的实验操作之后，再一次证实了，在对不确定性金融数据的挖掘分析方面，粗糙集方法有着相当不错的应用前景。虽然，实验过程中还存在着某些不足，但完成了从对粗糙集方面的学习到应用的过程。

在接下来的研究中，可以改进的有以下两个方面：一是，可以采用多种不同的数据离散化方式，使原数据的处理结果更科学；二是，根据不同规则的支持度对预测的结果进行加权，得出一个程度性的预测结果，使预测结果更具说服力。

本章利用粗糙方法以上证综合指数为样本数据进行了股票价格指数预测模型的构建。本章重点提出了粗糙集的全预测模型，然后提出将该方法应用于股票价格指数预测；最后，对该模型进行实证检验分析。

其研究结果表明粗糙集预测在应用方面还是具有一定的推广价值。对于其应用中的不足还可以加以改进，并最终将粗糙集方法完美地融合到金融预测模型当中。

参考文献

［1］Eugene, Fama, Market Efficiency. Long – Term Returns and Behavioral Finance ［J］. Journal of Finance, 1988.

［2］Pawlak Z, Rough sets ［J］. International Journal of Information and Computer Science, 1982 (11)：341 – 356.

［3］中国证券业协会. 证券投资分析 ［M］. 中国财政经济出版社，2010：8 – 11.

［4］张茂. 中国股市全景分析和未来预测 ［M］. 北京：中国经济出版社，2004：254 – 260.

［5］姜金胜. 股票操作指标精粹 ［M］. 东华大学出版社，2007 (7)：53 – 66

［6］Lakhmi Jain. Anna Maria Fanelli. Recent Advances in Artificial Neural Networks Design and Applications ［M］. Florida, USA, The CRC Press, 2000 (1)：3 – 4.

［7］龙建成，李小平. 基于神经网络的股票市场趋势预测 ［J］. 西安电子科技大学学报，2005，32 (3)：460 – 463.

［8］付成宏，傅明. 基于 RBF 神经网络的股票价格预测 ［J］. 企业技术开发，2004，23 (4)：14 – 15.

［9］蓝智敏. 基于神经网络与粗糙集理论相结合的股票趋势预测研究（硕士学位论文）［J］. 华南理工大学，2005 (11)：1 – 5.

［10］M. H. Ghiassi. A dynamic artificial neural network model for forecasting series events ［J］. Forecast, 2005 (21).

［11］Pawlak Z, Grzymala – Busse J, Slowwinski R, et al, Rough sets ［J］. Communications of the ACM, 1995 (38)：89 – 95.

［12］Pawlak Z. Rough set theory and its application to data analysis ［J］. Cybemerits and Systems, 1998 (9)：661 – 668.

［13］张文修，吴伟志. 粗糙集理论与方法 ［M］. 北京：科学出版社，2001.

［14］王长忠，陈德刚. 基于粗糙集的知识获取理论与方法 ［M］. 哈尔滨：哈尔滨工业大

学出版社，2010.

［15］［美］Achelis，S. B 著；应展宇，桂荷发译. 技术分析指标大全（第 2 版）［M］. 北京：机械工业出版社，2011. 1.

［16］George S. Atsalakis，Kimon P. Valavanis. Surveying stock market forecasting techniques – Part II：Soft computing methods ［J］. Expert Systems with Applications，2009（36）：5932 –5941.

［17］汪庆，张巍，刘鹏. 连续特征离散化方法综述 ［C］. 第五届管理科学与工程论坛论文集《2008 中国发展进程中的管理科学与工程》第二卷，2008：1091～1096.

［18］宋旭东，朱伟红，宁涛. 基于属性值重要性的 Rough 集值约简算法 ［J］. 计算机技术与发展，2007，17（6）：77 –79.

［19］Rosetta 粗糙集工具包 ［J］. http：//www. lcb. uu. se/tools/rosetta/.

第7章　基于网络信息的
金融市场价格预测

本章主要介绍了一个基于 SVM 和相关性检验的模型，引入微博对股票价格的影响，提高股市价格预测的准确性。首先，本章描述了股票价格预测研究的现状；其次，介绍了引入微博信息对提高股票价格预测准确性的实际意义；再次，介绍了 SVM 和相关性检验方法；最后，将提出的预测方法进行实证检验和对比分析。

7.1　引　言

中国股市具有股民成分复杂、换手率高、投机过度等特点，有关股市的信息也充斥着整个互联网。在微博盛行的今天，中国股民在微博上组成一个个讨论社区，众多的意见领袖影响着庞大的股民粉丝团体。中国的微博以新浪和腾讯的市场占有率最高。本章引入腾讯微博这一信息平台，综合抽取其中庞大的股民意见，提高股票价格的预测准确率。

对于股价的预测由来已久。纵观前人研究方法，可分为以下两类：

1. 基于传统统计方法的股价预测

国内外研究表明，交易量、相对强弱指数、乖离率等都与股价波动存在相关关系。王军波等人使用计量 GARCH 模型研究了利率与成交量等因素之间的关系，从研究结果来看，这些因素之间存在着显著的相关关系。另外，也证明了上海证券市场比深圳证券市场更为成熟稳定。李双成研究了中国股票市场上交易量与价格波动的关系，实验结果表明交易量可以用于解释股票价格的波动。

国外学者的研究亦表明交易量完全可以诠释股票市场的价格波动，交易量有助于预测未来股票价格的走势。证券市场的原始数据指的是开盘价、最高价、最低价、收盘价、成交量和成交额，有时还包括成交笔数。朱威探讨了相对强弱指数（RSI）和乖离率（BIAS）的统计性质，考察了它们预测股票价格走势的能力，还证实了其预测能力与股票市场的有效性程度有关。

2. 基于机器学习方法的股价预测

此类方法还可细分为只依赖历史交易数据的股价预测和引入金融信息的股价预测。

对于只依赖历史交易数据的股价预测，Youngohc Yoon 利用了神经网络模型和遗传算法中的映射学习函数去预测股价，在此基础上，他在编程时按照权重进行分类，这更有助于提高系统的预测决定情况。除此以外，Engle & Ng 将自回归模型、移动平均模型、自回归滑动平均模型和自回归条件异方差模型运用到股价预测当中，之后这些方法成为股价预测的基本模型。Pai and Lin 引进了支持向量机方法，很好地实现了非线性回归的股价预测模型。Huang and Nakamori证明了支持向量机算法对于股票市场波动方向的预测远好于其他传统方法，但同时他们也发现 SVM 方法无法实现系统最优，并且只能有效地预测股票的变动方向，无法预测股价的变动大小。

对于引入金融信息的股价预测，Robert P. Schumaker 和 Hsinchun Chen 等从"词袋"（Bag of Words）、"名词短语"（Noun Phrase）、"命名实体"（Named Entities）三个角度对金融文本进行分析，使用 SVM 对标普 500 进行预测，证明此方法比线性回归预测方法要好，并进一步证明了使用"命名实体"对文本进行分析比使用"词袋"分析结果要更好。Robert P. Schumaker 和 Hsinchun Chen 又利用对亚利桑那州金融文本系统（Arizona Financial Text System）的分析，用基于行业的方法预测会更加准确，并且收益率更高。并将模拟的结果与排名前十的基金做比较，超越近半公司。Johan Bollen 和 Huina Mao 在文章中研究了 Twitter情感表现和道琼斯工业指数之间的关系。他们选取了 2008 年 2 月 28 日至 2008 年 11 月 28 日的数据做训练集，2008 年 12 月 1 日至 19 日的数据做测试集，使用 SOFNN（Self – Organizing Fuzzy Neural Network）模型进行情感分析与预测，发现加入 Twitter 情感值之后，预测的准确率上升了 18.3%（73.3% ~ 86.7%），绝对平均百分比误差（MAPE）下降了 6.15%（1.94% ~ 1.83%）。

7.2 微博的发展及在金融预测中的实际意义

7.2.1 微博的定义

"微博"一词译自于英文单词 Micro – blogging，由美国 Twitter 网站的创始人伊万·威廉姆斯（Evan Williams）于 2006 年最先提出。Twitter 是世界上最早提供微博客服务的网站，用户可以随时随地地将自己日常生活中看到的、听到的、想到的事情以只言片语的形式通过电脑或者手机发表到微博网站上面，将这些信息分享给朋友或其他网民。但微博的完整定义到 2007 年才出现，美国学者 Gaonkar 和 Choudhury 从技术应用的角度，将微博定义为一种集合了手机传感器、无线网络、信息处理和空间可视这四种要素的多媒体博客。此后的学者主要从信息传播学的视角定义了微博，其中被引用最多的定义有两个：一是 Kaplan & Haenlein（2010）的定义："微博是一种基于互联网的交换工具，允许用户之间交换短篇内容，如句子、图像和视频链接等"。二是百度百科的定义："微博是一个基于用户关系的信息分享、传播以及获取平台，用户可以通过网络、手机以及各种智能联网的客户端，发送 140 字的文字，并实现即时分享。"目前微博还在不断地迅速发展之中，上述定义很难涵盖微博的全部内涵。

本书认为：微博即"微型博客"（Micro – blogging），是一种可以即时发布消息的迷你型博客，字数限制在 140 个字以内，可以通过计算机、平板电脑、手机、IM 软件（Gtalk、MSN、QQ、Skype）和外部 API 接口等途径发布消息，具有较低的准入要求、高度的即时性和强大的交互性等特点。

7.2.2 微博的特征

与传统博客相比，微博最大的特点在于字数限制与其特殊的信息分享机制，更新速度更快，传播范围更广。通过微博我们可以实现以下功能：①发表微博。用户可以将所见所闻和所思所想微缩成一句话、一张图片，通过手机客户端或电脑发送到个人微博上；②查看微博。用户可以使用微博中的"关注"即 Follow 功能，去关注其感兴趣的名人、明星、朋友或其他普通微博用户；

③转发微博。用户可以将自己感兴趣的微博转发，关注此用户的其他用户也可以看到此条信息；④评论微博。用户可以评论其感兴趣的微博，源微博的创作者会接收到其他用户的相关评论；⑤参与话题。用户可以针对某个新闻或是热点关注来发起话题，并邀请朋友一起参加讨论。

具体而言，微博主要有以下六个特征。

（一）发布的内容不超过 140 字

微博的内容一般被限定在 140 个字以内，内容简短精练，这是与传统博客最显著的区别。微博用户可以即时把正在发生的事件或者自己的所思、所想、所做的信息发布在微博平台上，并且通过"@"的方式来直接公开地回复对方，对方便可以在自己的页面上看到该回复，这也是与其他 SNS 社交网站最大的区别。这样微博用户与用户之间建立起链接就显得简单了很多，不像普通的社交网络需要通过对方的验证才能去关注相关的用户和了解对方的动态及信息。

由于微博内容被限定在一段话左右的文字以内，这使得微博内容具有文本碎片化的现象，微博的文本内容大多不系统，内容也涵盖各个方面。微博文本的碎片化，使得管理人员难以对有关的信息进行有效的梳理与整合，从而也难以进行有效的议程设置。

（二）用户平等性

微博平台中，用户处于人人平等的状态，每个微博用户可以在微博平台自由地发布或者分享、转帖相关内容，并且可以通过微博用户平台去了解其他用户（不论是新浪微博的个人认证用户和机构认证用户，还是普通用户）的相关动态和进行评论。微博平台不同于论坛之处在于用户关注更多的是某些用户的状态，而不是某个话题。

（三）自媒体性

随着微博的发展，我们发现越来越多的新闻信息会通过用户的手机第一时间在微博平台上进行公布，造就了每一个用户都有媒体的特性，可以创造并传递出相关信息。正是由于微博的自媒体性，导致每个用户都可以成为内容的创造者与传播者。

（四）信息的即时性

每个用户可以通过微博平台第一时间发送自己所思、所想、所做的信息或者当前发生的事情，其他用户可以第一时间发现微博平台上的最新信息，从而进行相关的转发与评论。

（五）平台的开放性

作为开放平台，微博平台使得微博功能具有无限延展的可能性，从技术层面上更趋近于人类信息传播沟通的 Anyone、Anytime、Anywhere、Anyway 的 4A 理想情境。微博的功能结构实现了信息发布传播的低成本和便捷性，最大限度地强化了用户产生内容的机制，并能够做到对用户所带来的海量信息的兼收并蓄。

（六）与移动设备、IM 软件的结合

微博与手机、电脑、QQ 等 IM 软件的结合，实现了微博的其他特征（即时性、信息提醒等），从而使微博用户拥有 Anyone、Anytime、Anywhere、Anyway4A 理想情境去发布并且传播信息。

7.2.3　微博的发展

（一）微博在国外的发展

许多国外政治人物已经将 Twitter 作为推广政见、发布官方信息、与民众沟通交流的工具。如在美国，奥巴马将 Twitter 作为其在竞选中和选民交流互动的工具，赢得了更多的支持；英国女王伊丽莎白使用"皇家 Twitter"账号，向追随者发布皇室活动和宣布声明等，以杜绝歪曲信息；流亡在外的泰国前总理他信也开设了 Twitter 账户；一些政府部门也将 Twitter 作为与民众及时沟通的工具。此外，国外很多传统媒介如 CNN、BBC、路透社、英国天空电视台、《纽约时报》、《华尔街日报》等都开通了 Twitter，作为获得动态信息的媒介工具。

随时随地记录人们的点滴生活可以说是 Twitter 类微博客网站创始的初衷，而 Twitter 随后在新闻报道，特别是突发性新闻方面发挥出巨大能量，完全是无心插柳的结果，但仔细考察却发现其具有必然性。互联网与即时通信工具的连接，赋予 Twitter 在新闻现场第一时间出现并传递信息的能力。博客刚刚推出的时候，引起了公民新闻的热潮。博客为普通公民提供了一个发布新闻的平台，但博客的即时更新效果不可与 Twitter 同日而语。Twitter 作为即时互联网，它发布的消息可以在第一时间传递到用户的手机或者其他即时通信软件上，新闻的魅力正在于时效性，而这一点在这里得到完美的满足。在突发性新闻，特别是灾害性新闻和危急性新闻中，Twitter 的迅捷和即时优势显得尤为突出。广泛而大量的使用者构成了任何一家新闻机构都雇用不起的"记者团"，随时随地提供新闻线索和素材。Twitter 具有强大的新闻聚合功能，原本不引人关注的事件，经过网络上的讨论而引起广泛关注，从而成为引起传统媒体关注的重大新闻事件（如华南虎事件）。某一事件的新闻价值会随着舆论的关注度而不断上升。

（二）微博在国内的发展

2007 年之后，国内陆续出现了微博客网站，如饭否、做啥、叽歪、嘀咕、贫嘴、同学网、腾讯滔滔等，它们在界面和操作方式上与 Twitter 有类似之处。其中，饭否影响力较大，一度成为中国微博的标杆。但是在国内微博刚刚开始发展时，2009 年 7 月，饭否、歪叽、嘀咕等相继出现技术故障，用户无法登录，限制了它们下一步的发展。

2009 年 8 月，新浪加入微博领域，借助网站平台及名人资源优势启动内测，李开复、姚晨、赵薇、李宇春等众多名人相继开通新浪微博，引来众多网民的关注与参与。新浪微博旨在随时随地分享身边的新鲜事儿，RedTech Advisors 的数据显示，按用户数量计算，新浪 2011 年第一季度占据中国微博市场 57% 的份额，腾讯占 21%，百度占 13%，搜狐占 6%，网易占 3%（见图 7.1）。

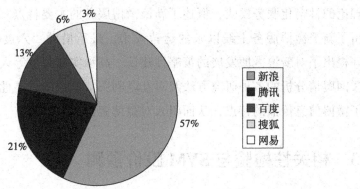

图 7.1　2011 年第一季度中国微博市场份额

7.2.4　国内外研究现状及存在问题

国外学者对于微博的研究，主要集中在对 Twitter 的研究上。这些研究主要包含三个方面：第一，对于 Twitter 形成的人际网络的网络拓扑结构分析的研究；第二，对于 Twitter 平台上的话题传播机制的研究；第三，对于 Twitter 上用户影响力的相关研究。所有对于 Twitter 研究的相关文献都会对 Twitter 做出相关简介。Haewoon Kwak 等人第一次定量地去研究了 Twitter 整个平台网络及在上面的信息扩散。Jianshu Weng Lin 等人重点研究如何定义微博系统中用户的影响力问题。MeeyoungHamed 等人提出了三种类型的用户影响力（粉丝影响力、转发影响力、点名影响力），并对比研究了这三种研究方法下用户影响力排名的不同结果。

国内微博的研究主要是随着国内微博的发展开始进行相关研究工作，所以国内微博的研究起步相对较晚，国内微博研究主要体现在定性方面的研究，定量的深入研究还在逐步发展中。国内微博的研究主要集中在三个方向：第一，微博的定义、特征、发展特点；第二，微博在新闻学方向上信息传播的特征及机制；第三，微博对传统媒体的影响研究。王晓兰在其文章中对2010 年中国微博研究总体情况进行了回顾和分析，认为创新、变革与融合是 2010 年中国微博的重要主题。余伟在其文章中介绍了微博的功能特点与应用价值，接着再利用本体的方式来描述微博，设计了一个基于微博的微博用户行为分析模型。郑雅真在其论文中介绍了六度空间理论以及基于六度空间理论的社会化服务模式，概述了新浪微博服务的主要特点、运作模式，并分析了新浪微博服务上线以来的运营效果，最后借助"六度空间理论"归纳并提出了对新浪微博发展的策略性建议。高承实和荣星等人分析了现阶段互联网舆情分析的各种研究方法及对互联网舆情监控的重要性，并简要地介绍了微博信息传播的特点，从而引入对微博舆情监控的研究。

7.3 相关性检验与 SVM 股价预测

7.3.1 相关性检验

相关性检验是研究现象之间是否存在某种依存关系，并对具有依存关系的现象探讨其相关方向以及相关程度，是研究随机变量之间相关关系的统计方法。相关分析主要有以下几种分析方式：线性相关分析，即研究两个变量间线性关系的程度，主要用相关系数来描述；偏相关分析，即研究两个变量之间的线性相关关系时，控制可能对其产生影响的变量。如控制年龄和工作经验的影响，估计工资收入与受教育水平之间的相关关系以及距离分析，是对观测量之间或变量之间相似或不相似程度的一种测度，是一种广义的距离，分为观测量之间的距离分析和变量之间的距离分析。

而本章主要对两两变量之间进行分析，故利用线性相关分析的相关系数 R 进行判定。本章分别对所研究的各自变量和因变量进行线性回归分析，然后根据结果产生的 $R2$ 分析自变量和因变量之间的相关关系。

7.3.2　SVM 股价预测

支持向量机 SVM（Support Vector Machine）是 Corinna Cortes 和 Vapnik8 等于 1995 年首先提出的。它是建立在统计学习理论的 VC 维理论和结构风险最小原理基础上的，根据有限的样本信息在模型的复杂性（即对特定训练样本的学习精度）和学习能力（即无错误地识别任意样本的能力）之间寻求最佳折中，以期获得最好的推广能力。

SVM 的主要思想可以概括为两点：首先，它是针对线性可分情况进行分析，对于线性不可分的情况，通过使用非线性映射算法将低维输入空间线性不可分的样本转化为高维特征空间，使其线性可分，从而使得高维特征空间采用线性算法对样本的非线性特征进行线性分析成为可能；其次，它基于结构风险最小化理论在特征空间中建构最优分割超平面，使得学习器得到全局最优化，并且使整个样本空间的期望风险以某个概率满足一定上界。

与同样在股价预测方面经常使用的神经网络法对比而言，由于 SVM 采用结构风险最小化原则，整个求解过程转化成一个凸二次规划问题，解是全局最优的和唯一的，所以它有效地解决了神经网络容易出现的陷入局部极小点、收敛速度慢等缺点，此时收敛解就是全局解。除此之外，SVM 还具有以下优势：可以解决小样本情况下的机器学习问题，可以提高泛化性能，可以解决高维问题，可以解决非线性问题，可以灵活地应用核函数。近些年来，SVM 在股价预测领域得到了广泛的应用。

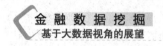

7.4 实证分析

为了更好地进行实证分析，基于网络信息的金融市场预测研究分为以下 10 个步骤，具体介绍如下。

1. 微博抓取

通过腾讯微博 API，以股票、投资板块听众最多的用户（例如，股票板块，"唐能通股票人生"，有约 52 万听众）为种子用户，抓取种子用户以及其听众中含有"股票"或"财经"或"金融"或"证券"或"投资"标签的用户 19000 人，约占全网相同标签总数的 5%。然后，再根据用户抓取的用户列表，抓取其从注册期起到 2012 年 5 月 1 日的所有博文共计 900 多万条。

2. 微博筛选

根据 Wind 资讯银行业指数的统计规则，提取其中从 2011 年 5 月 1 日到 2012 年 4 月 30 日银行业（工商银行、建设银行、农业银行、中国银行、交通银行、招商银行、民生银行、中信银行、浦发银行、兴业银行、光大银行、深圳发展银行、华夏银行、北京银行、宁波银行、南京银行）相关的博文信息共计 39322 条。

3. 股指波动分类

按照银行业股指每天的波动情况，将银行业股指的波动分为六类。首先，按照银行业股指的波动率升序排序。然后，对于股价正向波动的天数，按照 2:3:5 的原则，将股价波动分为正向大幅波动、正向中幅波动和正向小幅波动。同样，对于股价负向波动的天数，按照 5:3:2 的原则，将股价波动分为负向小幅波动、负向中幅波动和负向大幅波动。

4. 微博分词

对每条博文进行分词，同时去除停用词以及标点。

5. 新闻归类

假设股票当天的波动分别与当天（第 t 天）、前一天（第 $t-1$ 天）、前两天（第 $t-2$ 天）、前三天（第 $t-3$ 天）以及前四天（第 $t-4$ 天）的微博内容有关。将所抽取的银行业相关新闻分入每种情况的六类波动状态之中。

6. 关键词提取

对每一波动类的新闻进行 TFIDF 运算，抽取 TFIDF 值排名前 20% 的词作为每类博文的关键词。

7. 词典构建

统计每类博文关键词中每个词出现的次数，并进行降序排列。抽取其中排名 10% 的词作为每类博文关键词词典，词典中的词与银行业指数的波动率具有很强的相关性。

8. 影响值计算

计算每篇博文的影响值：

$$F_{lm} = \sum_{i=1}^{n} x_i f_m \tag{7.1}$$

式 (7.1) 中，F_{lm} 表示每篇博文的影响值，l 为博文标识，m 为博文发布者标识，x_i 表示博文中每个词的计算值，f_m 表示博文发布者的影响力，即粉丝数目。

$$F_d = \frac{F_{lm}}{D_n} \tag{7.2}$$

式 (7.2) 中，F_d 表示每天博文的平均影响值，D_n 表示每天博文数量。

9. 初选 I_{t+1}（第 $t+1$ 天银行业指数）影响指标

以 D_t（第 t 天博文数）、F_t（第 t 天博文影响值）、D_{t-1}（第 $t-1$ 天博文数）、F_{t-1}（第 $t-1$ 天博文影响值）、D_{t-2}（第 $t-2$ 天博文数）、F_{t-2}（第 $t-2$ 天博文影响值）、D_{t-3}（第 $t-3$ 天博文数）、F_{t-3}（第 $t-3$ 天博文影响值）、D_{t-4}（第 $t-4$ 天博文数）、F_{t-4}（第 $t-4$ 天博文影响值）、S_t（日成交额）、V_t（日成交量）、I_t（第 t 天银行业指数）、I_{t-1}（第 $t-1$ 天银行业指数）、I_{t-2}（第 $t-2$ 天银行业指数）、I_{t-3}（第 $t-3$ 天银行业指数）和 I_{t-4}（第 $t-4$ 天银行业指数）为待选因子，计算这些指标与 I_{t+1} 的相关性，如表 7.1 所示。

表 7.1　各项指标数值

待选指标	R – squared	待选指标	R – squared	待选指标	R – squared
D_t	0.012	D_{t-3}	0.001	I_t	0.910
F_t	0.0001	F_{t-3}	0.023	I_{t-1}	0.850
D_{t-1}	0.006	D_{t-4}	0.006	I_{t-2}	0.795
F_{t-1}	0.053	F_{t-4}	0.005	I_{t-3}	0.755
D_{t-2}	0.001	S_t	0.140	I_{t-4}	0.715
F_{t-2}	0.0006	V_t	0.068		

由此可以发现，F_{t-1}，S_t，V_t，I_t，I_{t-1}，I_{t-2}，I_{t-3}，I_{t-4} 与 I_{t+1} 具有强相关性（$R-\text{squared} > 0.05$）。我们用以上 8 个指标作为输入变量，利用 SVM 对 I_{t+1} 的波动方向进行预测。

10. 模型预测

2011 年 5 月 1 日至 2012 年 4 月 30 日银行业指数共有 242 条数据，我们取前 200 条为训练集，后 42 条为测试集，进行预测，见图 7.2。

```
C:\workspace\PW实验>Java svm_predict 30005testdata.scale 30005data.scale.model 3
0005testdata.scale.output
Mean squared error = 0.07283713545919034 (regression)
Squared correlation coefficient = 0.884955899689213 (regression)
Mean Absolute Error = 0.20743610568322252 (regression)
normalized mean squared error = 0.12493076416316633 (regression)
directional symmetry = 54.0 (regression)
 Correct Up trend = 22.0 (regression)
 Correct Down trend = 32.0 (regression)
weighted directional symmetry = 0.6312068978395994 (regression)
```

图 7.2　测试过程

如实验结果所示，预测准确率为 54%。

7.5　本章小结

本章利用 SVM 和相关性检验等方法，引入微博对股市的影响，对股指波动方向进行预测。实验表明，微博的内容的确能够对股民的申购股票产生影响。我们可以设想，国内国际的财经新闻、法规政策、论坛信息都能够影响股市，做好金融信息的收集以及如何对纷繁复杂的金融信息进行抽取整合将是我们进一步研究所必需的工作。

参考文献

[1] 王军波，邓述慧. 利率、成交量对股价波动的影响：GARCH 修正模型的应用 [J]. 系统工程理论与实践，1999.

[2] 李双成. 中国股票市场量价关系的理论与实证研究 [D]. 天津大学，2007.

[3] Jones, C. M., Kaul, G., Lipson, M. L. Transaction, volume, and volatility [J]. Review of Financial Studies, 1994: 631 –651.

［4］朱威．股票技术指标统计分析［D］．华东师范大学，2006．

［5］Youngohc Yoon, Swales, G. Predicting stock price performance：a neural network approach ［J］．System Sciences, 1991（4）：156 – 162.

［6］Engle, Robert F. , Victor K. Ng. Measuring and testing the impact of news on volatility ［J］. Journal of Finance, 1993（48）：1749 – 1778.

［7］Ping – Feng Pai, Chih – Sheng Lin. A hybrid ARIMA and support vector machines model in stock price forecasting ［J］. The International Journal of Management Science, Omega, 2005（33）：497 – 505.

［8］Wei Huang, Yoshiteru Nakamori, Shou – Yang Wang. Forecasting stock market movement direction with support vector machine ［J］. Computers & Operations Research, 2005（32）：2513 – 2522.

［9］Robert P. Schumaker and Hsinchun Chen. Textual Analysis of Stock Market Prediction Using Financial News Articles ［J］. 12th Americas Conference on Information.

［10］Robert P. Schumaker, Hsinchun Chen. A quantitative stock prediction system based on financial news ［J］. Information Processing & Management, 2009（45）：571 – 583.

［11］Johan Bollen and Huina Mao. Twitter Mood as a Stock Market Predictor ［J］. IEEE Computer, 2011：91 – 94.

［12］孙卫华，张庆永．微博客传播形态解析［J］．传媒观察，2008（10）：51 – 52.

［13］殷俊，孟育耀．微博的传播特性与发展趋势［J］．传媒论苑，2010（4）：85 – 88.

［14］潘亚楠，微博客．Twitter 探析［J］．东南传播，2009（12）：117 – 119.

［15］Haewoon Kwak, Changhyun Lee, Hosung Park, Sue Moon. What is Twitter, a Social Network or a News Media？［C］. ACM, Raleigh, North Carolina, USA, 2010：799 – 806.

［16］Jianshu Weng, Ee – Peng Lim, Jing Jiang, Qi He. TwitterRank：Finding Topic – sensitive Influential Twitterers ［J］. WSDM' 10, February4 – 6, 2010. New York City, New York, USA.

［17］Meeyoung Cha, Hamed Haddadi. Fabricio Benevenuto, Krishna P. Gummadi, Measuring User Influence in Twitter：The Million Follower Fallacy ［J］. Artificial Intelligence, 2010, 146（1）：10 – 17.

［18］王晓兰．2010 年中国微博客研究综述国际新闻界，2011：102 – 5685.

［19］余伟．基于本体的微博客用户行为模型研究［J］. Journal of Guangdong Polytechnic Normol University, 2010, 27（2）：27 – 30.

［20］郑雅真．新浪微博的发展研究［J］．北京交通大学硕士毕业论文，2010 – 6.

［21］高承实，荣星，陈越．微博舆情监测指标体系研究［J］．情报，2011，30（9）.

第8章 基于数据挖掘的
股票自动交易系统

本章主要介绍了一个基于 BP 神经网络和小波分析的预测模型，用于建立股票自动交易系统。首先，本章描述了 BP 神经网络和小波分析技术运用于股票市场预测的研究现状；其次，详细介绍了一个基于 BP 神经网络和小波分析技术的股票自动交易系统，并进行了实证检验与对比分析。

8.1 引 言

对于股票交易市场的研究一直是一个热门的领域，因为一旦成功预测股票市场的走向，必然会为投资者带来丰厚的回报。针对股票市场的预测这一领域，学者们提出了一系列不同的方法。这些方法大致分为两类：第一类方法通过预测股票价格或者是市场的涨跌走向来指导投资；第二类方法则是结合计算机技术，通过建立决策支持系统或者是自动交易系统来进行股票交易操作（Wen 等，2010）。

股票市场的股票价格或走向的预测方法大体上又可分为两类——基本面分析（Fundamental Analysis）与技术分析（Technical Analysis）。两种方法都从影响股票价格的因素入手，分析股价与影响因素之间的关系。其中，基本面分析以判断市场未来走势为目标，从宏观角度考虑政治环境、市场发展情况、公司运营情况和财务结构等因素分析一个公司股票的价值。由于这些因素难以量化，通常是一些基础数据的汇总，并且决策过程中往往需要较多的主观推测，所以基本面分析通常被认为是定性分析。一般来说，基本面分析从宏观经济面入手，然后是行业基本面，最后再深入到公司层面。基本面分析没有定式，不同的分析方法侧重面也不同，因此很有可能造成对同一只股票的分析结果不同。技术分析侧重使用统计学方法对市场进行定量分析，技术分析常用的方法是根据市场的基础数据如开盘价、昨日成交价、今日最高价、今日最低价、交易量等以及以此为基础计算得到的一系列技术指标，如移动平均值（Moving Average）、平均真实波幅（Average True Range）、平衡交易量（On Balance Volume）、相对强弱指标（Relative Strength Index）等，从数据的波动规律中寻找市场的变动规律。因此，利用这些技术分析指标，投资者们可以使用时间序列分析计算工具，如线性自回归模型、主成分分析模型、ARIMA 模型等对金融市场的可预测性进行探索。Vanstone 等（2009）对基本面分析和技术分析作了较为详细的研究。

股票市场交易的决策支持系统或自动交易系统主体上还是依据对市场的预测。实际上，这类方法是建立在第一类方法基础之上的。系统需要首先对股票市场的价格或走向有一定的预测，然后在此基础上根据设定的交易规则进行交易操作。Chande 等人（1997）认为交易系统主要包括以下三个方面的功能：股票买入和卖出规则（Rules to Enter and Exit Trades）、风险管理（Risk Control）以及资金管理（Money Management）。股票买入和卖出规则指依据交易系统产生的买入和卖出信号进行具体交易操作的规则；风险管理指当对于某一股票的投入资金面临一定的风险时而采用相应的卖出交易行为；资金管理则是指在考虑实际的股票账户金额和风险管理的情况下对资金投入量的决策管理。

股票自动交易系统的优点在于，它是一种避免受到投资者情绪影响的借助计算机设计的理性交易系统。决策者的情绪和主观期望在股票市场的交易过程中往往导致其做出非理性的决策。例如，在做出错误的购买决策时，投资者往往容易陷入沉没成本误区。在面临损失时，人们往往是风险偏好的，总期待能收回投入成本，而不愿抛售已持有的股票，这往往导致更大的亏损。在做出正确的购买决策后，人们往往对股票涨势估计过于乐观，从众心理和贪婪的想法使他们持续买入，最终错过抛售时机。自动交易系统最大的作用就是止盈止损，如果购买决策错误，应该把损失控制在一定范围以内；如果购买决策正确也不应该贪得无厌，判断股票价格不可能再涨的时候就应该卖掉，之后无论涨幅多少都不予考虑。该系统应该能够进行自动下单、自动交易、自动化地高抛低吸，尽可能使每次决策都买在低点，卖在高点，确保投资者能有丰厚的利润。

正如前文所提到的，股票自动交易系统的设计主要还是依据对股票市场的预测，一般是使用技术分析方法（Wen 等，2010）。然而，金融市场的影响因素众多，随时间变化，各影响因素和股指呈非线性关系，同时包含大量的噪声。上述传统的统计模型在应用于噪声如此巨大、非线性的数据集时难以克服自身的局限性。特别是当误差方程不可微或者搜索平面存在许多局部最优值时，这类方法在估计和预测股票市场时就存在巨大的缺陷（Kohzadi 等，1996）。因此，在对股票市场的最近研究中，学者开始逐渐转向借助于人工智能领域的一些模型，如模糊系统、神经网络模型、遗传算法、支持向量机以及这些方法之间与传统方法的集成方法等。

针对股票市场数据集高度非线性化、高噪声的特点，本章提出了基于小波分析和 BP 神经网络的股票自动交易系统（WANNTS）。相对于传统的方法而言，神经网络在逼近非线性方程上具有出色的能力，Cybenco 证明仅含有一个隐含层的三层 BP 神经网络能够逼近任意函数（Cybenco，1989）。同时，它能够并行处理多个变量输入，通过输入层、隐含层和输出层之间的权重学习调节自变量和因变量之间的关系。以上的特点使得 BP 神经网络尤其适合股票市场的预测。然而，神经网络算法的局限性在于极易陷入局部最小值，进而出现过拟合的问题，并且当数据规模较大时收敛速度缓慢。当噪声过大的时候，以上问题显得尤其突出。小波分析是信号处理领域十分成熟的理论，使用小波分析技术能够将信号在不同的分辨率上进行去噪处理，从而提取信号的主要特征。基于神经网络和小波分析技术的以上特点，WANNTS 模型首先将神经网络的输入和输出数据集进行了小波分析，提取不同分辨率下的数据信号，然后从低分辨率到高分辨率依次使用数据信号对神经网络进行训练。WANNTS 模型的主要优点在于：通过小波去噪，提取数据信号的主要特征，表征股票市场的趋势，降低了预测的难度；通过从低分辨率到高分辨率的多次培训，能够很好地避免神经网络陷于局部最优，避免过拟合的问题，提高预测效果。

8.2　神经网络和小波分析技术

神经网络和小波分析技术分别是人工智能和信号处理领域中较为成熟的技术。本节将简单介绍这两种理论，并对两者在股票市场预测领域的应用做一个简单的总结。

8.2.1　神经网络

神经网络是一种智能优化工具，是一种通过模仿生物的神经元和神经结构行为进行信息处理的数学模型。目前已被广泛应用于拟合未知方程、时间序列分析、模式识别、信号处理等领域。这种网络依靠系统的复杂性，通过调整内部大量节点之间相互连接的关系，从而达到处理信息的目的。目前，典型的神经网络包括 Hopfield 网络、BP 神经网络、标准的反向传播函数连接乘积单元网络、Elman 神经网络、Kohonen 自组织特征映射、学习向量量化器、支持向量机等。

学者们很早就开始尝试使用不同类型的人工神经网络结构对股票市场进行预测。早期的工作包括：Kimoto 等（1990）设计了东京股票交易价格指数预测系统，利用神经网络学习不同的市场影响因素；Kamijo 和 Tanigawa（1990）使用循环神经网络进行股票价格曲线模式的识别；Ahmadi（1990）使用 BP 神经网络对股票市场进行了预测；Kim（2003）使用支持向量机的方法进行金融时间序列预测等。其后，学者们意识到人工神经网络在对股票市场的预测问题上存在很大的缺陷和不足，大规模的数据量、过高的噪声和过多的维度给神经网络的学习带来很多不便（Kyoung – jae Kim，2000），从而导致神经网络的学习最终可能产生过拟合或收敛过慢的问题。为了克服上述困难，近年来，研究者们提出了各种改进思路，如使用"动量"（Momentum）调整学习速率、在多个随机点开始培训、增加解空间的多样性、改善神经网络结构、使用重要约束等。另外，结合不同的人工智能技术进行股票预测也是一个重要的研究方向。例如，Hamadavandi（2010）使用模糊专家系统与 ANN 结合预测股票市场回报率；Kim 等（2007）以及 Hassan 等（2007）采用神经网络和遗传算法结合的方法预测短期股票市场；Zhang 等（2009）使用一种 BCO 与 ANN 结合的算法预测标准普尔 500 指数；Kara 等（2011）使用 ANN 与 SVM（支持向量机）预测伊斯坦布尔的股票指数移动趋势。这些模型的优势在于，可以确切地逼近未知方程，捕捉数据的复杂关系。其中有一部分模型并没有明显提高预测精确度，其一要归因于股票市场上数据的大噪声和动态特性；其二是因为梯度下降算法会使得 ANN 在培训中陷入局部最小。

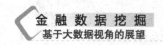

8.2.2 小波分析

小波分析是信号处理领域的一种基本方法，通过数学的方法，使用小波（Wavelet）函数和尺度（Scale）函数将原信号进行不同频率的分解（Cohen 等，1993）。这样就可以在对应不同尺度的不同分辨率条件下研究不同的信号成分，从而达到去噪的目的，以提取信息的主要特征。对应于信号的时间范围尺度越大，分辨率越低（Ramsey 等，1997）。小波分析非常适用于现实中具有易变特性（Volatile）和时变特性（Time - varying）的时间序列，并且不需要受限于稳定性（Stationarity）的假设（Popoola 等，2006），而这些特性正是金融市场的数据所具有的。事实上，小波分析理论已被证明在分析、建模和预测金融衍生工具的变动趋势上，如股票价格、汇率等是十分有效的（Parasuraman 等，2005；Ramsey 等，1999）。

小波分析理论一般可以与其他的模型结合以产生新的泛化能力和鲁棒性更强的模型。小波分析理论与其他模型结合的方法一般可以分为两种。第一种方法是用小波分析对信号进行预处理，即，以小波信号空间作为模型识别的特征空间，通过小波分析来实现信号的特征提取，然后将提取的特征向量送入其他的模型进行处理，这种方法并未从本质上改变原模型的工作机理，如，多分辨率神经网络（Multi - Resolution NN）（Lu 等，2009；Liang 等，2006）、小波分析与 TSK 模糊规则的混合集成系统（Chang 等，2008）等。第二种方法则是使用分析理论产生其他模型中的核心函数，从而从本质上改变模型的工作机理。例如，与支持向量机结合的小波支持向量机、与神经网络结合的小波神经网络等。小波支持向量机一般是基于小波分析理论来构造小波核函数，从而建立新的支持向量机模型（Tang 等，2009；Zhang，2004；Chen，2006）。而小波神经网络则是基于小波变换构成的神经网络模型，即，用非线性小波基取代通常的神经元非线性激励函数（如 Sigmoid 函数），把小波变换与神经网络有机地结合起来（Zhang 等，1992；Chen 等，2006），充分继承了二者的优点。目前，基于小波分析理论的模型已经广泛应用于金融市场的预测（Huang 等，2011；Atsalakis 等，2011；Shin 等，2000）。

8.3　基于小波分析和 BP 神经网络的股票自动交易系统

BP 神经网络是一种广泛应用于股票市场预测的方法，其有效性在多个文献中都得到了很好的证明。然而，对于噪声过大的数据集来说，BP 神经网络容易产生陷入局部最小值的情况。因而本章提出了一种结合小波分析和 BP 神经网络的预测方法，并依据这一方法建立了基于小波分析和 BP 神经网络的股票自动交易系统（WANNTS）。本部分将从自动交易系统的输入和输出、交易规则以及股票市场预测方法四个方面详细描述 WANNTS 模型。

8.3.1　系统输入设计

系统的输入对于神经网络模型的模拟效果是至关重要的，Atsalakis 等（2009）对股票市场预测问题中系统输入的选择有一个较为全面的综述。本次研究中一共采用了 10 个技术分析指标作为系统输入，分别为：商品通道指标 CCI（Commodity Channel Index），差异指标 D（Disparity），计算周期为 5 的移动平均指标，计算周期为 10 的移动平均指标，计算周期为 20 的移动平均指标，动量指标 M（Momentum），价格变动速率 ROC，相对强弱指标 RSI（Relative Strength Index）以及随机 KD 指标（Stochastic K&D，包括 SK 和 SD 两个指标）（Achelis，1995）。系统输入的指标及其计算方法如表 8.1 所示。

表 8.1　实验使用的技术指标及其计算公式[①]

技术指标名称	计算公式
商品通道指标 CCI	$M = (H + L + C)/3$ $SM = \sum_{i=1}^{m} M_i/m$ $d = \mid M - SM \mid$ $CCI = (M - SM)/0.015 * d$

[①]　表格中使用的符号说明：H 表示当日最高价，H_i 表示第 i 大的最高价，L 表示当日最低价，L_i 表示第 i 天的最低价，C 表示当日收盘价，C_i 表示第 i 天的收盘价，MA 表示移动平均指标。

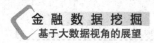
续表

技术指标名称	计算公式
差异指标 D	$D_{10} = (C/MA_{10}) * 100$
计算周期为 5 的移动平均指标	$MA_5 = \sum_{i=1}^{5} C_i/5$
计算周期为 10 的移动平均指标	$MA_{10} = \sum_{i=1}^{10} C_i/10$
计算周期为 20 的移动平均指标	$MA_{20} = \sum_{i=1}^{20} C_i/20$
动量指标 M	$M = (C_i/C_{i-n}) * 100$
价格变动速率 ROC	$ROC = ((MA_1 - MA)/MA_2) * 100$
相对强弱指标 RSI	$U = \sum_{i=1}^{n} (C_{i+1} - C_i)/n$ $RSI = 100 - (100/1 + (U/D))$
随机 KD 指标 SK、SD	$SK = ((C - L_n)/(H_n - L_n)) * 100$ $SD = \sum SK_m/m, m$ 为计算周期

8.3.2　系统输出设计

本次研究中，历史 n 天的平均收益率（$n - HAR$）被选作系统的输出，从而用来表征股票市场的波动。$n - HAR$ 表示当前股票价格相对于历史一段时期内平均价格的高低，其计算方法如式（8.1）所示。

$$HAR_i^n = nC_i/\sum_{k=1}^{n} C_{i-k} \tag{8.1}$$

该指标实际上反映了股票价格指数的变动方向。当 $HAR_i^n < 1$ 时，表明当天的收盘价高于历史 n 天的平均价格，股票指数有上涨趋势；当 $HAR_i^n > 1$ 时，表明当天的收盘价低于历史 n 天的平均价格，股票指数有下跌趋势。

采用 $n - HAR$ 而非股票价格本身来衡量市场波动的原因在于这样能够有效地对市场价格进行平滑，同时能够更好地去除随机因素的影响。然而，$n -$

HAR 指标本质上是一个延迟性指标，它将目前的价格与历史数据作比较。该类指标用于趋势预测，风险相对较低，但是收益也相对更小。因为买入信号和卖出信号总是晚于真正的上涨趋势或下跌趋势。当股票价格存在相对长期的趋势时，这一指标将会非常有效。

8.3.3　交易规则设计

系统的买入信号和卖出信号由系统的输出 $n-HAR$ 给出。考虑到买入信号和卖出信号的强弱问题，本次研究对系统输出得到的 $n-HAR$ 分为三类，当 $n-HAR$ 高于某一个阈值 $1+\delta$，被认为是强烈的买入信号，可在此时作出购买决策；当 $n-HAR$ 低于某一个阈值 $1-\theta$，则被认为是强烈的卖出信号，可在此时作出卖出决策；而当 $n-HAR$ 落在区间 $(1-\theta，1+\delta)$ 时，认为此时是市场的正常波动，因此不作出任何买入或卖出的行动，维持原来的状态。交易规则如式（8.2）所示：

$$n-HAR \in \begin{cases} (-\infty，1-\theta) & \text{强卖出信号} \\ (1-\theta，1+\delta) & \text{维持原状态} \\ [1+\delta，+\infty) & \text{强买入信号} \end{cases} \tag{8.2}$$

式（8.2）中，θ 和 δ 为参数，满足 $0 \leqslant \theta \leqslant 1$，$\delta \geqslant 0$，参数 θ 和 δ 需要根据选用的投资市场或需要预测的特定数据在试验中调整设定。实际上，参数 θ 和 δ 是用来控制风险的，θ 和 δ 的取值越大表明投资者的风险偏好程度越高；反之，风险偏好程度越低。

8.3.4　股票市场预测

本章提出的基于小波分析和 BP 神经网络的股票市场预测方法的基本思想是将输入信号和输出信号分别进行小波分解，得到不同分辨率下的信号成分，然后从低分辨率到高分辨率依次作为训练样本对 BP 神经网络进行训练。本小节将首先详细描述小波分解的过程和 BP 网络的训练过程，在本小节的最后将给出算法计算的伪代码。

1. 信号数据的小波分解

在本章中，输入信号数据统一使用 *IPT* 表示，输出信号用 *OPT* 表示，则有 $IPT_i = [ipt_i^1，ipt_i^2，\cdots，ipt_i^n]$，以及 $OPT_i = [opt_i^1，opt_i^2，\cdots，opt_i^m]$。其中，

下标 i 表示数据的组别，上标 m 和 n 分别表示输出信号和输入信号数据的维数。在本次研究中，m 和 n 的取值分别为 1 和 10，则有 $IPT =$

$$\begin{bmatrix} ipt_1^1 & ipt_1^2 & \cdots & ipt_1^{10} \\ ipt_2^1 & ipt_2^2 & \cdots & ipt_2^{10} \\ \vdots & \vdots & & \vdots \\ ipt_N^1 & ipt_N^2 & \cdots & ipt_N^{10} \end{bmatrix}$$ 以及 $OPT = \begin{bmatrix} opt_1, & opt_2, & \cdots, & opt_N \end{bmatrix}^T$，这里输出信号的维数表示省略。

简单而不失一般性，该部分对于信号数据的小波分解以输出信号 OPT 为例。小波分解使用尺度函数和小波函数将原始的复杂信号分解成不同分辨率的简单近似信号（Approximation）。本次研究中，小波分解使用的算法是 Mallat 的树形算法（Tree Algorithm）（Mallat，1989），即先对较大尺度的信号进行小波变换，再选取其中的低频部分在原尺度的 1/2 尺度上再变换，始终分解低频部分直到所需要的层数。在信号分解的过程中，该算法使用一个低通滤波器 L 和一个高通滤波器 H。记 OPT^M 为原始信号 OPT 在最高分辨率 2^M 下提取得到的近似样本信号，其中 OPT^M 的长度为 2^M。较低分辨率 2^{M-1} 下的近似样本信号 OPT^{M-1} 是在高分辨率近似样本信号 OPT^M 的基础上使用低通滤波器 L 产生的，其信号长度为 2^{M-1}。所有低分辨率下的近似样本信号均是通过这一过程迭代产生的。迭代方法如式（8.3）所示，其中，符号 $\otimes$ 表示滤波的操作

$$OPT^{l-1} = L \otimes OPT^l \quad (l = 2, \cdots, M) \tag{8.3}$$

在分辨率 2^{l-1} 下，与近似样本 OPT^{l-1} 对应的详细样本信号（detail）D^{l-1} 在 OPT^M 的基础上使用高通滤波器 H 产生。产生方式如式（8.4）所示：

$$D^{l-1} = H \otimes OPT^l \quad (l = 1, 2, \cdots, M) \tag{8.4}$$

在产生各个层次的样本信号后，可以根据低分辨率的信号以及滤波器来重新构建高分辨率的信号。其构建方法如式（8.5）所示，其中 L^T 和 H^T 分别为 L 和 H 矩阵的转置：

$$OPT^l = L^T \otimes OPT^{l-1} + H^T \otimes D^{l-1} \quad (l = 1, 2, \cdots, M) \tag{8.5}$$

如果使用符号 $\oplus$ 来表示构建函数，则式（8.5）能够被改写为式（8.6）

$$OPT^l = OPT^{l-1} \oplus D^{l-1} \quad (l = 1, 2, \cdots, M) \tag{8.6}$$

这样对于任意层次的分辨率 2^l（$l = 1, 2, \cdots, M$）的信号，可以通过

OPT^l 以及各个层次上的详细信号样本重新构建，构建方法如式（8.7）所示：

$$OPT^l = OPT^l \oplus D^1 \oplus D^2 \cdots \oplus D^{l-1} \quad (l = 1, 2, \cdots, M) \tag{8.7}$$

从而，原始信号可以由式（8.8）构建得到

$$OPT = OPT^l \oplus D^1 \oplus D^2 \cdots \oplus D^M \tag{8.8}$$

使用上述的小波分解方法，可以将输出信号 OPT 分解为不同分辨率层次的信号集，即 $OPT\_S = \{OPT^1, OPT^2, \cdots, OPT^M, OPT\}$，其中 M 为分解的层数。同理，对于输入信号 IPT，按照各列进行小波分解与重新构建，同样可以得到输入信号各层的成分信号集，$IPT\_S = \{IPT^1, IPT^2, \cdots, IPT^M, IPT\}$。

2. BP 神经网络的训练

BP 神经网络的训练基于上部分分解得到的输入和输出数据集，从最低分辨率开始逐渐提升分辨率，依次作为神经网络的训练样本。低分辨率数据集的训练结果作为高分辨率数据集训练的初始网络。假设使用 net_l 表示使用第 1 层，即分辨率为 2^l 的数据训练得到的神经网络，则整个 BP 神经网络的训练过程可以由以下的链式学习过程表示：

$$net_1 (IPT^1, OPT^1) \rightarrow net_2 (IPT^2, OPT^2) \rightarrow \cdots \rightarrow net_k (IPT^k, OPT^k)$$

其中，k 为 BP 神经网络训练的次数，满足条件 $0 < k \leq M + 1$，M 为分解的层数，并且假设 $OPT^{M+1} = OPT$，以及 $IPT^{M+1} = IPT$。调节 k 的值能够控制神经网络训练的拟合程度，k 值越大，训练数据的拟合程度就会越高，然而产生过拟合问题的可能性也就越大，因而应当合理选择 k 值。

BP 神经网络的这种训练方法较之于传统的方法有明显的优势。一方面，通过控制 k 值能够控制神经网络的拟合程度，减少过拟合的问题，从而提升模型的泛化能力。另一方面，低分辨率的数据样本实际上更为简单，但表征了时间序列的趋势，使用这样的数据训练网络能够帮助网络更好地学习数据的特征，这种渐进式的学习方式能够防止模型过早收敛，从而避免陷入局部最优。

3. 算法计算程序

在以上模型说明的基础上，本节具体说明模型的计算程序，算法的伪代码如表 8.2 所示。其中，第 2 ~ 3 行分别使用小波分解得到输入和输出数据集各分辨率层次数据集，第 4 ~ 5 行初始化计数器和 BP 神经网络。第 6 ~ 9 行迭代训练 BP 网络。

表 8.2　WANNTS 模型算法伪代码

// 该算法使用 WANNTS 模型训练得到 BP 神经网络，算法输出为 BP 神经网络模型 *net*。

// 算法输入包括训练输入数据 *IPT*，训练输出数据 *OPT*，小波分解层数 *M*，BP 网络训练层数 *k*。

1. Begin

2. $IPT\_S \leftarrow \{IPT^2, IPT^2, \cdots, IPT^M, IPT^{M+2}\}$　//小波分解得到输入数据集各分辨率层次数据集

3. $OPT\_S \leftarrow \{OPT^1, OPT^2, \cdots, OPT^M, OPT^{M+2}\}$　//小波分解得到输出数据集各分辨率层次数据集

4. $t \leftarrow 0$ // 初始化 BP 网络训练次数计数器

5. $net \leftarrow initialize$ (*IPT*, *OPT*) //初始化一个 BP 网络

6. Do While $t < k$

7. $net \leftarrow train$ (*net*, IPT^t, OPT^t) // 使用 IPT^t 和 OPT^t 来训练 BP 网络 *net*

8. $t \leftarrow t + 1$ // 计数器加 1

9. End Do While

10. End Begin

8.4　实证分析

本部分使用实际的数据集来测试本次研究提出的 WANNTS 模型。

8.4.1　实验数据集

本次研究的实验数据集来自 Yahoo 财经网站（http：//finance. yahoo. com/）的大盘指数，数据集包括 Dow Jones Industry Index（DJI），FTSE 100，HANG SENG Index（HSI），NASDAQ，NIKKEI 225，S&P 500 和 Shanghai Composite（SSEC）共 7 个市场。

实验截取最近 10 年（2001 - 12 - 07 ~ 2011 - 12 - 07）每个交易日的股票价格。各个数据集每天的数据包括 6 个基本指标（当日开盘价、最高价、最低价、收盘价、交易量以及相关收盘价），在本次研究中分别使用 *O*、*H*、*L*、*C*、*V*、*A* 表示。

8.4.2　模型评价指标

在本次研究中，一共采用了三种指标来衡量模型的有效性，分别为年均回

报率（Year's Return Rate）、均方根误差（RMSE）以及分类准确率（Correct Classification Rate）。年均回报率是指投资的十年中平均每年的收益率，其值为当年的收益与年初资金总量的比值，其计算方法如式（8.9）所示：

$$Ret = (M_E - M_S) / M_S \tag{8.9}$$

式（8.9）中，M_E 和 M_S 分别表示年终和年初投资者的资金量。均方根误差指模型预测输出值与实际输出值差值平方和的平方根，用来衡量模型拟合的程度。其计算方法如式（8.10）所示：

$$RMSE = \sqrt{\sum_{i=1}^{N}(opt^i - p\_opt^i)^2 / N} \tag{8.10}$$

式（8.10）中，opt^i 和 p_opt^i 分别为实际输出值和预测输出值的第 i 个分量，N 为输入数据的总量。分类准确率是指对于股票的涨跌趋势预测准确的比率。对于输出指标 HRA，如果预测值和实际值同时大于 1 或同时小于 1 则认为分类正确。其计算方法如式（8.11）所示：

$$Cor = N_c / N \tag{8.11}$$

式（8.11）中，N_c 为分类正确的数量。该指标主要用来衡量模型对于股票市场趋势预测结果的准确程度。实际上，对于股票市场趋势的预测往往是影响买卖行为的关键因素。

8.4.3　小波分解

本小节主要以上海证券交易所的指数来说明小波分解对于信号提取的作用。该数据集共有 2547 组数据，本次试验截取 1～2500 个数据。图 8.1（a）是使用每日收盘价计算得到的 HRA 指标的示意图。图 8.1（b）～（f）是将原 HRA 指标数据利用小波函数 db3 进行 5 层分解后得到的各层样本数据。其中，层次越低表明分辨率越高。分析实验结果可以看出，在低分辨率下，样本信号忽略了原始信号的很多细节，而只是捕捉了时间序列的趋势。随着分辨率的升高，数据集的细节逐渐被加入。这里需要说明的是，在小波分析得到的结果中，边缘的数据总是会有一定的异常。

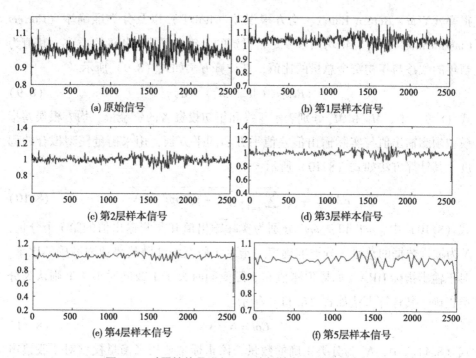

(a) 原始信号   (b) 第1层样本信号

(c) 第2层样本信号   (d) 第3层样本信号

(e) 第4层样本信号   (f) 第5层样本信号

图8.1 对原始信号进行5层分解的各层信号示意图

8.4.4 实验结果

本部分给出了 WANNTS 模型实验的概要结果，并将其与传统的 BP 神经网络模型进行了比较。本次试验中，BP 神经网络使用一个包含 40 个节点的隐含层，数据集小波分解的层数 M 设为 5，用来训练 BP 神经网络的数据集层数 K 设为 3，风险控制参数 θ 和 δ 均取为 0。另外，每次交易收取 1‰的交易费用。实验中，前 9 年的数据作为训练集，第 10 年的数据作为测试集。WANNTS 和 NN 模型实验结果对比如表 8.3 所示。其中，TrR、TeR、TrC、TeC、TrE、TeE 分别表示训练数据的回报率、测试数据的回报率、训练数据的分类准确率、测试数据的分类准确率、训练数据的均方根误差以及测试数据的均方根误差。NN – HAR，WANN – HAR 分别表示传统神经网络使用 HAR 指标、WANNTS 系统使用 HAR 指标的实验结果。

从回报率的角度来说，基于 WANNTS 系统的方法要明显优于基于传统 BP 神经网络的方法。基于传统 BP 神经网络方法的训练集回报率都大量为负，而

124

测试数据集平均回报率最低达到了 -0.24，即 FTSE 100，而该数据集 100 次试验中最低的达到 -0.31。从分类准确率的角度来说，两种方法没有明显的区别。从均方根误差的角度来说，整体上各种方法都有效果不错的时候，然而相比之下，基于 HAR 指标的 WANNTS 模型更为稳定，对于 7 个数据集来说，其均值、最大值和最小值都一直最小，并且非常稳定。实际上结合分类准确率和均方根误差两者来看，传统的神经网络方法存在数据延迟的问题，其主要的表现就是分类准确率较高而均方根误差却很大。

表 8.3　WANNTS 和 NN 模型实验结果对比

Case	Data	NN - HAR			WANN - HAR		
		AVG	MIN	MAX	AVG	MIN	MAX
Dow	TrR	-0.02	-0.06	0.06	0.33	0.31	0.35
	TeR	-0.06	-0.16	0.06	0.42	0.39	0.47
	TrC	0.83	0.76	0.85	0.83	0.83	0.84
	TeC	0.81	0.75	0.84	0.81	0.79	0.83
	TrE	0.04	0.00	0.25	0.00	0.00	0.01
	TeE	0.03	0.00	0.11	0.01	0.00	0.03
FTSE 100	TrR	-0.03	-0.08	0.05	0.26	0.24	0.28
	TeR	-0.24	-0.31	-0.02	0.44	0.39	0.53
	TrC	0.82	0.78	0.83	0.80	0.80	0.81
	TeC	0.78	0.71	0.81	0.79	0.77	0.80
	TrE	0.03	0.00	0.28	0.00	0.00	0.02
	TeE	0.02	0.00	0.09	0.01	0.00	0.01
NASDAQ	TrR	0.02	-0.03	0.09	0.42	0.41	0.44
	TeR	-0.06	-0.18	0.08	0.57	0.42	0.65
	TrC	0.82	0.81	0.84	0.83	0.82	0.83
	TeC	0.82	0.77	0.85	0.82	0.76	0.83
	TrE	0.03	0.00	0.15	0.01	0.00	0.04
	TeE	0.04	0.00	0.16	0.01	0.00	0.04

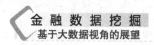
Case	Data	NN – HAR			WANN – HAR		
		AVG	MIN	MAX	AVG	MIN	MAX
NIKKEI 225	TrR	−0.02	−0.06	0.05	0.33	0.31	0.35
	TeR	−0.17	−0.28	−0.03	0.21	0.12	0.36
	TrC	0.83	0.81	0.84	0.81	0.80	0.81
	TeC	0.78	0.69	0.83	0.78	0.76	0.79
	TrE	0.04	0.00	0.13	0.01	0.00	0.03
	TeE	0.04	0.00	0.10	0.01	0.00	0.03
HS	TrR	0.08	0.02	0.14	0.38	0.35	0.41
	TeR	−0.01	−0.14	0.10	0.40	0.31	0.51
	TrC	0.85	0.82	0.86	0.84	0.84	0.85
	TeC	0.83	0.78	0.87	0.82	0.80	0.84
	TrE	0.05	0.00	0.18	0.01	0.00	0.03
	TeE	0.03	0.00	0.09	0.01	0.00	0.04
S&P500	TrR	−0.01	−0.07	0.10	0.33	0.31	0.35
	TeR	−0.08	−0.18	0.06	0.43	0.36	0.48
	TrC	0.82	0.71	0.84	0.84	0.83	0.84
	TeC	0.81	0.73	0.84	0.78	0.77	0.80
	TrE	0.03	0.00	0.14	0.00	0.00	0.02
	TeE	0.03	0.00	0.08	0.01	0.00	0.02
SSEC	TrR	0.09	0.03	0.14	0.59	0.54	0.63
	TeR	−0.04	−0.17	0.07	0.49	0.42	0.58
	TrC	0.86	0.79	0.87	0.83	0.82	0.83
	TeC	0.83	0.78	0.86	0.81	0.78	0.84
	TrE	0.06	0.00	0.51	0.01	0.00	0.05
	TeE	0.03	0.00	0.25	0.01	0.00	0.04

图 8.2 和图 8.3 分别给出了传统神经网络和结合小波分析技术神经网络的实验结果对比。其中图 8.2（a）和图 8.3（a）分别给出了实际值和预测值的散点图，预测值 – 实际值点对越靠近直线 $y = x$，表示预测结果越准确。对比可以发现 WANN 的结果明显优于 NN。图 8.2（b）、（c）和图 8.3（b）、（c）是分别拟合的曲线。其中 NN – HAR 方法预测的总体趋势非常准确，然而因时

间滞后问题，预测值始终是落后实际值的，相比之下 WANN – HAR 方法则表现得好很多。

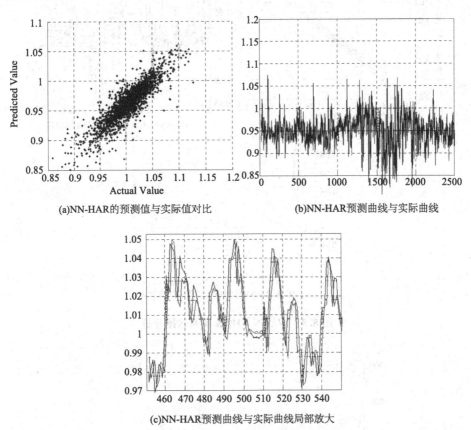

(a)NN-HAR的预测值与实际值对比　　(b)NN-HAR预测曲线与实际曲线

(c)NN-HAR预测曲线与实际曲线局部放大

图 8.2　NN – HAR 实验数据分析

为了更为直观地展示各个模型对于股票市场趋势的预测，图 8.4 和图 8.5 给出了各个数据集股价涨跌预测的示意图。其中，曲线表示股票市场实际的价格走向，红色曲线表示模型预测市场在此时有看涨趋势，而绿色曲线表示模型预测市场在此时有看跌趋势。需要说明的是，这里并没有给出交易的时间点，因而并不能知道具体的交易方式。从图 8.3 中可以看出，该方法对于大趋势，即大涨或大跌的预测相对较准确。

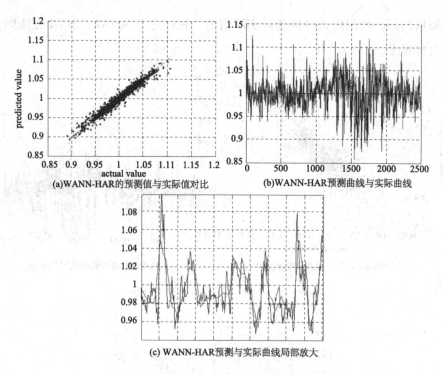

(a)WANN-HAR的预测值与实际值对比　　(b)WANN-HAR预测曲线与实际曲线

(c) WANN-HAR预测与实际曲线局部放大

图8.3　WANN－HAR 实验数据分析

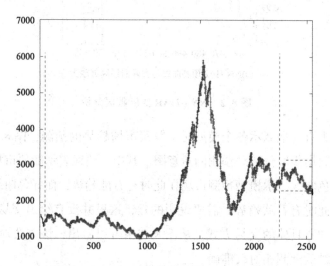

图8.4　NN－HAR 的股价涨跌预测示意图

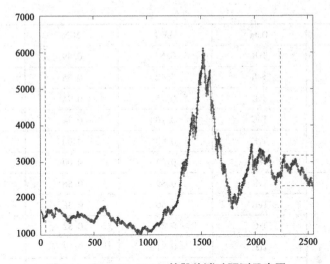

图 8.5　WANN – HAR 的股价涨跌预测示意图

8.4.5　参数调节

上节分析了 WANNTS 模型的实验结果，并与传统的 BP 神经网络作了各方面的对比。本节对于模型中的各种参数，包括 BP 神经网络训练的层数以及风险参数 θ 和 δ 的取值作了分析。

1. BP 神经网络训练层数

本次实验使用 SSEC 数据集，其他的参数设置与上节实验相同。表 8.4 给出了不同训练层数条件下的 WANNTS 模型 SSEC 实验结果，训练层数分别取 1，2，…，6。从表 8.4 中很容易看出，训练层数对于实验结果具有重要的影响，训练层数过大或过小都会对实验结果产生不利的影响。在本例中，训练层数选取为 2 或 3 比较理想。

表 8.4　数据集 SSEC 不同训练层数条件下的 WANNTS 模型 SSEC 实验结果

Level	Data	AVG	MIN	MAX
	TrR	0. 43	0. 41	0. 44
	TeR	0. 18	0. 10	0. 27
	TrC	0. 72	0. 71	0. 72
1	TeC	0. 68	0. 66	0. 69
	TrE	0. 00	0. 00	0. 02
	TeE	0. 01	0. 00	0. 06

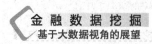

续表

Level	Data	AVG	MIN	MAX
2	TrR	0.52	0.49	0.54
	TeR	0.42	0.35	0.47
	TrC	0.75	0.75	0.76
	TeC	0.76	0.74	0.77
	TrE	0.00	0.00	0.01
	TeE	0.02	0.00	0.13
3	TrR	0.59	0.56	0.62
	TeR	0.50	0.38	0.58
	TrC	0.83	0.82	0.83
	TeC	0.81	0.77	0.84
	TrE	0.01	0.00	0.04
	TeE	0.01	0.00	0.05
4	TrR	0.59	0.52	0.64
	TeR	0.37	0.29	0.54
	TrC	0.90	0.89	0.91
	TeC	0.88	0.84	0.90
	TrE	0.01	0.00	0.05
	TeE	0.01	0.00	0.05
5	TrR	0.27	0.22	0.32
	TeR	0.15	0.03	0.25
	TrC	0.88	0.87	0.89
	TeC	0.87	0.84	0.89
	TrE	0.02	0.00	0.08
	TeE	0.01	0.00	0.06
6	TrR	0.06	0.02	0.11
	TeR	−0.06	−0.16	0.03
	TrC	0.86	0.84	0.87
	TeC	0.83	0.79	0.85
	TrE	0.03	0.00	0.15
	TeE	0.02	0.00	0.07

2. 风险参数 θ 和 δ

本次实验同样使用 SSEC 数据集，其他的参数设置与上节实验相同。为了简单起见，本研究中仅仅考虑了 $\theta = \delta$ 的情况。实际上，$\theta \neq \delta$ 的情况与之类似。本次实验中，θ 和 δ 分别取值 0.00、0.01、0.02、0.05 和 0.10。表 8.5 给出了不同风险参数条件下的 WANNTS 模型回报率实验结果。另外，为了说明交易的细节，表 8.6 给出了数据集 SSEC 不同风险参数条件下的 WANNTS 模型交易次数的实验结果。其中，TrT 和 TeT 分别表示训练数据集和测试数据集的交易次数。从表 8.5 中容易看出，随着 θ 和 δ 的增大，回报率和交易次数都有下降的趋势。

表 8.5　数据集 SSEC 不同风险参数条件下的 WANNTS 模型回报率实验结果

θ & δ	Data	AVG	MIN	MAX	STD
0.00	TrR	0.62	0.58	0.67	0.00
	TeR	0.50	0.38	0.58	0.00
0.01	TrR	0.45	0.41	0.48	0.00
	TeR	0.29	0.16	0.39	0.00
0.02	TrR	0.35	0.32	0.38	0.00
	TeR	0.12	0.01	0.16	0.00
0.05	TrR	0.07	0.02	0.12	0.00
	TeR	0.00	−0.05	0.01	0.00
0.10	TrR	0.00	−0.03	0.10	0.00
	TeR	0.00	0.00	0.00	0.00

表 8.6　数据集 SSEC 不同风险参数条件下的 WANNTS 模型交易次数实验结果

θ & δ	Data	AVG	MIN	MAX	STD
0.00	TrT	72.78	69.00	78.00	3.53
	TeT	9.91	8.00	13.00	1.19
0.01	TrT	50.80	48.00	55.00	1.86
	TeT	6.79	6.00	7.00	0.17
0.02	TrT	36.58	33.00	40.00	1.54
	TeT	4.51	3.00	6.00	0.35
0.05	TrT	9.18	6.00	11.00	1.10
	TeT	0.10	0.00	1.00	0.09
0.10	TrT	0.32	0.00	1.00	0.22
	TeT	0.00	0.00	0.00	0.00

8.4.6　实验总结

从以上的实验可以看出，相比于传统的 BP 神经网络模型，本章提出的 WANNTS 模型具有明显优势。无论是在分类准确率、均方根误差方面，还是在回报率方面，WANNTS 模型均优于传统的 BP 神经网络模型。另外，WANNTS 模型还能够很好地解决股票市场预测问题上的时间滞后。通过对模型参数的调节，可以看出，WANNTS 模型对于参数的选择十分重要。同时，可以依据投资者不同的风险偏好来设置不同的参数集合。

8.5　本章小结

本章提出了一种基于小波分析和 BP 神经网络的新型时间序列预测方法——WANNTS模型，这种训练方法较之于传统的 BP 神经网络方法有明显的优势。一方面，通过控制 BP 神经网络的训练层数值，能够有效控制神经网络的拟合程度，从而减少过拟合的问题，提升模型的泛化能力。另一方面，该模型将 BP 神经网络从低分辨率的样本数据到高分辨率的样本数据依次进行训练。低分辨率的样本数据较之于原始信号实际上更为简单，但表征了时间序列的趋势，使用这样的数据训练网络能够更好地学习数据的特征，这种渐进式的学习方式能够防止模型过早收敛，从而避免陷入局部最优。通过进行大量的实验，本章证明不管是在分类准确率、均方根误差方面，还是在回报率方面，WANNTS 模型都明显优于传统的 BP 神经网络模型。

本研究接下来的工作打算从以下几个方面展开：进一步研究参数对于模型的影响，包括指标 HAR 的时间步长、BP 神经网络的隐含层数和节点数、小波函数的选择等；对于输入以及输出指标的研究和再设计；小波分析与其他类型神经网络的结合，如 SVM 等。

参考文献

[1] Q. H. Wen, Z. H. Yang, Y. X. Song, P. F. Jia. Automatic stock decision support system based on box theory and SVM algorithm [J]. Expert Systems with Applications, 2010 (37): 1015 – 1022.

［2］ B. Vanstone, G. Finnie. An empirical methodology for developing stock market trading sys-
tems using articial neural networks ［J］. Expert Systems with Applications, 2009 (36):
6668 – 6680.

［3］ N. Kohzadi, M. S. Boyd, B. Kermanshahi, I. Kaastra. A comparision of artificial neural net-
work and time series models for forcasting commodity prices ［J］. Neurocomputing, 1996
(10): 169 – 181.

［4］ T. S. Chande. Beyond technical analysis: How to develop and implement a winning trading sys-
tem ［M］. New York: Wiley, 1997.

［5］ G. Cybenco. Approximation by superpositions of a sigmoid function ［J］. Math, Control,
Signals and Syst, 1989 (2): 303 – 314.

［6］ T. Kimoto, K. Asakawa, M. Yoda, M. Takeoka. Stock market prediction system with modu-
lar neural networks ［J］. In: Proceedings of the international joint conference on neural net-
works, San Diego, California, 1990: 1 – 6.

［7］ K. Kamijo, T. Tanigawa. Stock price pattern recognition: a recurrent neural network ap-
proach. In: Proceedings of the International Joint Conference on Neural Networks, San Die-
go, CA, 1990: 215 – 221.

［8］ H. Ahmadi. Testability of the arbitrage pricing theory by neural networks ［J］. In: Proceed-
ings of the International Conference on Neural Networks, San Diego, CA, 1990: 385 – 393.

［9］ Kyoung – jae Kim, I. H. Genetic algorithms approach to feature discretization in artifical neu-
ral networks for the prediction of the stock price index ［J］. Expert Systems with Applica-
tions, 2000: 125 – 132.

［10］ E. Hadavandi, H. Shavandi, A. Ghanbari. Integration of genetic fuzzy systems and arti –
cial neural networks for stock price forecasting ［J］. Knowledge – Based Systems, 2010
(23): 800 – 808.

［11］ H. J. Kim, K. S. Shin. A hybrid approach based on neural networks and genetic algorithms for
detecting temporal patterns in stock markets ［J］. Applied Soft Computing, 2007: 569 – 576.

［12］ M. R. Hassan, B. Nath, M. Kirley. A fusion model of HMM, ANN and GA for stock mar-
ket forecasting ［J］. Expert Systems with Applications, 2007 (33): 171 – 180.

［13］ Y. D. Zhang, L. Wu. Stock market prediction of S&P 500 via combination of improved BCO ap-
proach and BP neural network ［J］. Expert Systems with Applications, 2009: 8849 – 8854.

［14］ Y. Kara. Predicting direction of stock price index movement using artificial neural networks
and support vector machines: The sample of Istanbul Stock Exchange ［J］. Applied System

with Applications, 2011: 5311 – 5319.

[15] K. J. Kim. Financial time series forecasting using support vector machines [J]. Neurocomputing, 2003 (55): 307 – 319.

[16] A. Cohen, I. Daubechies, P. Vial. Wavelets on the interval and fast wavelet transform [J]. Appl. Comp. Harm. Anal. , 1993 (1): 54 – 81.

[17] J. B. Ramsey and Z. Zhang. The analysis of foreign exchange data using waveform dictionaries [J]. J. Empirical Finance, 1997 (4): 341 – 372.

[18] A. Popoola, K. Ahmad. Testing the suitability of wavelet pre – processing for TSK fuzzy models [J]. In Proc. FUZZ – IEEE: Int. Conf. Fuzzy Syst. Netw. , Vancouver, BC, Canada, Jul. 16 – 22, 2006: 1305 – 1309.

[19] K. Parasuraman. Elshorbagy, A wavelet networks: An alternative to classical neural networks. In Proc. 2005 IEEE Int. Joint Conf. Neural Netw. , IJCNN ' 05, 2005 (5): 2674 – 2679.

[20] J. B. Ramsey. The contribution of wavelets to the analysis of economic and fnancial data [J]. Phil. Trans. R. Soc. London, 1999 – 9, 357: 2593 – 2606.

[21] L. B. Tang, L. X. Tang, H. Y. Sheng. Forecasting volatility based on wavelet support vector machine [J]. Expert Systems with Applications, 2009 (36): 2901 – 2909.

[22] L. Zhang, W. D. Zhou, L. C. Jiao. Wavelet Support Vector Machine [J]. IEEE Transactions on Systems, Man, & Cybernetics—Part B: Cybernetics, 2004 – 9, 34 (1): 34 – 39.

[23] G. Y. Chen, G. Dudek. Auto – correlation wavelet support vector machine [J]. Image and Vision Computing, 2009 (27): 1040 – 1046.

[24] Q. Zhang, A. Benveniste. Wavelet networks [J]. IEEE Trans. on Neural Network, 1992, 3 (11): 889 – 898.

[25] Y. H. Chen, B. Yang, J. W. Dong. Time – series prediction using a local linear wavelet neural network [J]. Neurocomputing, 2006 (69): 449 – 465.

[26] Q. F. Lu, Y. Liang. Multiresolution Learning on Neural Network Classifiers: A Systematic Approach [J]. In: International Conference on Network – Based Information Systems, 2009: 505 – 511.

[27] Y. Liang, X. Liang. Improving Signal Prediction Performance of Neural Networks Through Multiresolution Learning Approach [J]. IEEE Transactions on Systems, Man & Cybernetics—Part B: Cybernetics, 2006 – 4, 36 (2): 341 – 352.

[28] P. C. Chang, C. Y. Fan. A Hybrid System Integrating a Wavelet and TSK Fuzzy Rules for

Stock Price Forecasting [J]. IEEE Transactions on Systems, Man, & Cybernetics—Part C: Applications & Reviews, 2008 – 11, 38 (6): 802 – 815.

[29] S. C. Huang. Forecasting stock indices with wavelet domain kernel partial least square regressions [J]. Applied Soft Computing, 2011 (11): 5433 – 5443.

[30] G. S. Atsalakis, E. M. Dimitrakakis, C. D. Zopounidis. Elliott Wave Theory and neuro – fuzzy systems [J]. In stock market prediction: The WASP system, Expert Systems with Applications, 2011 (38): 9196 – 9206.

[31] T. Shin, I. Ha. Optimal signal multi – resolution by genetic algorithms to support articial neural networks for exchange – rate forecasting [J]. Expert Systems with Applications, 2000 (18): 257 – 269.

[32] G. S. Atsalakis, K. P. Valavanis. Surveying stock market forecasting techniques – Part Ⅱ: Soft computing methods [J]. Expert Systems with Applications, 2009 (36): 5932 – 5941.

[33] S. B. Achelis. Technical Analysis from A to Z [M]. Probus Publishing, Chicago, 1995.

[34] S. G. Mallat. A theory for multiresolution signal decomposition: thewavelet representation [J]. IEEE Trans. Pattern Anal. Mach. Intell. , 1989 – 7, 11 (7): 674 – 693.

第四篇

保险及其他数据挖掘

第9章 基于数据挖掘的保险欺诈监测方法

本章主要介绍了一个基于不平衡数据的保险欺诈预警模型，用于保险欺诈的分析和预测。随着保险欺诈问题的日益突出，对保险欺诈的预测及防范有着重要意义。本章针对保险欺诈的不平衡数据集，采用 SVM 方法进行预测是否存在欺诈，进一步对所有预测属性进行特征选择，并比较预测属性集及预测属性子集的预测结果。研究结果表明，使用重采样的方法可以有效克服不平衡数据集进行预测的弊端，SVM 方法在预测保险欺诈时有较高的准确性，特征选择后的特征子集在预测保险欺诈时也能保证一定的准确率。最后对实际应用中成本、真正类率和假正类率三者的平衡进行了讨论。

9.1 引　言

随着国内保险业的发展，保险欺诈的问题日益突出，也给保险公司和社会带来越来越大的危害。据中国理赔网（www.zgbxlp.com）的不完全统计，从 2005 年 3 月到 2006 年 3 月保险欺诈案例共计 66 例，平均每月 5.5 起。另据业内专家估计，我国保险诈骗金额占赔付总额的 20% ~ 30%，而全球平均比例仅为 15%。因此，基于数据挖掘的保险欺诈监测法对保险欺诈的预测及防范有着重要意义。

用于保险欺诈预测研究的数据集为不平衡数据，即无欺诈的样本数比有欺诈的样本数大得多。对于不平衡数据若不进行处理而直接用分类器分类，会出现把大部分有欺诈的数据都分类成无欺诈以获得较高的真正类率（TPR）的情况，而此时真负类率（TNR）会特别低，即分类器能正确区分无欺诈案例，但对有欺诈案例的分类能力降低，侧重于高 TPR 会降低分类器的分类性能。为提高分类性能，必须对不平衡数据进行处理，不平衡数据处理的方法主要有以下三种：①对不平衡数据进行重采样，对有欺诈案例过采样，对无欺诈案例低采样；②加权平均，对有欺诈和无欺诈案例分配不同的错判成本权值；③阈值调整，调整分类器的阈值以平衡真阳性率和假阳性率。

用于保险欺诈预测的特征，即欺诈指示因子有很多，在实际进行分类预测时，要进行特征选择或属性约简。Wei Xu 等作者使用基于随机粗糙子空间的神经网络进行保险欺诈检测，并首次使用粗糙集子空间技术来进行属性约简，对不同的约简属性集使用神经网络分类器进行训练，再用集成方法将各个训练后的分类器整合。在 P. Ravisankar 等人的论文中，t 统计量被用来进行特征选择，将每个特征或属性的 t 统计量分别计算出并由高到低排序，t 值越大说明该属性区分存在欺诈的能力越强，具有较小 t 值的属性可在特征选择中被除去。作者分别选取了全部特征、前 18 个特征以及前 10 个特征，并对这三组特征集分别采用支持向量机（SVM）、遗传规划（CP）、多层前馈神经网络（MLFF）、数据处理的成组方法（GMDH）、逻辑斯蒂回归（LR）及概率神经网络（PNN）这 6 种分类器来进行分类，然后分别比较了各个分类器的准确率，比较不同特征子集对分类准确率的影响。特征选择的方法还有卡方检验、基于 Relief 的组合式特征选择、信息增益率等，可根据实际情况选择不同的方法。

保险欺诈预测问题实际上就是分类问题，分类器的选择有很多，可以选择一个或多个整合的分类器。Ll. Berm'udez 等作者在标准二分模型的基础上提出了不对称链路双层贝叶斯模型来预测保险欺诈，由于保险欺诈中有欺诈样本数比无欺诈样本数少得多，采用不对称链路的贝叶斯偏斜 logit 模型比对称链路模型获得的预测准确率要高。S. Viaene 等作者介绍了多层神经网络分类器的基本理论，并针对车险索赔欺诈，提出了使用 MLP-ARD 正则化方案来分别确定输入层每个结点的权重及正则参数，讨论了基于贝叶斯证据框架的多层感知器分类器，从而找出最重要的输入结点，即保险欺诈指示因子。根据数学模型的不同，Bayes 分类器、BP 神经网络分类器、决策树算法、SVM（支持向量机）算法等都可以进行保险欺诈预测。还可将多个学习得到的模型组合起来创建整合模型（整合模型具有更高的准确率，但容易对数据过分拟合）。

本章主要采用重采样方法来处理不平衡数据，然后根据某一特征值的信息熵有效减少量来进行特征选择，分类器选择支持向量机（SVM）。

9.2　基于不平衡数据挖掘的保险欺诈监测模型

9.2.1　基本原理

重采样是有效处理不平衡数据的方法之一，对训练样本集中的少数有欺诈案例过采样，多数无欺诈案例低采样，从而获得平衡数据。过采样就是对少数有欺诈案例进行重复采样，过采样没有得到更多的有效信息，反而增大了训练集容量，可能会降低分类器的分类性能。而低采样就是随机选取多数无欺诈案例的一个子集，减少无欺诈案例数目，丢弃的数据也可能会降低分类器的分类性能。

数据挖掘中经常会出现几十甚至上百个属性，对计算及分析造成不便，如何选取有效属性即特征选择具有重要意义。特征选择的目标主要有：降低数据维度，方便数据可视化；数据搜集阶段减少索引成本；降低数据处理阶段的存储空间要求，较少数据使得学习算法运行更快速；提高算法性能。特征选择还可以提高属性的预测能力，给出具有高分类能力的属性，同时还能使人们更好地理解分类过程中各属性的意义。特征选择的方法有卡方检验、基于 Relief 的组合式特征选择、信息增益率、一致性检验等多种，本章采用信息增益率方法。信息增益率即所有特征分类能力与除去某一特征后剩余特征分类能力之差，表示某一特征的信息熵有效减少量。按信息增益率由高到低排序，信息增益率越高，说明该特征的分类能力越强。信息增益率的公式可表示如下。

$$GainR\ (Class,\ Attribute) = \frac{H\ (Class)\ -H\ (Class \mid Attribute)}{H\ (Attribute)}$$

支持向量机（SVM）就是一个二分类器，在解决小样本、非线性及高维模式识别中表现出许多特有的优势。SVM 通过搜索最大边缘超平面（MMH）来将不同类数据尽可能分开。SVM 算法要求的样本数相对较小；擅长处理样本数据线性不可分的情况，主要通过核函数和松弛变量技术实现；SVM 产生的分类器简洁，用到的样本信息少，适合处理样本维数很高的数据。鉴于 SVM 的以上优势，本章将采用 SVM 分类器。

SVM 算法的核心就是在线性可分或不可分的情况下，寻找最大边缘超平面（MMH），又称最优分类面。基于结构风险最小化理论在特征空间中寻找最大边缘超平面，不仅要将两类数据正确分开，还要保证分类间隔最大，使得分类得到全局最优化，并且在整个样本空间的期望风险以某个概率满足一定上界。图 9.1 所示为线性可分的情况。

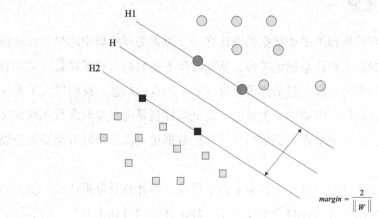

图 9.1　SVM 分类器

分离超平面 H 可记作：$W \cdot X + b = 0$；

位于分离超平面 H 上方的点满足：$W \cdot X + b > 0$；

位于分离超平面 H 下方的点满足：$W \cdot X + b < 0$；

其中 W 是权重向量，b 是标量，又称偏倚。

调整权重使得定义边缘侧面的超平面 H 记为

H1：$W \cdot X + b \geqslant 1$，落在 H1 或其上方的元组属于类 $+1$；

H2：$W \cdot X + b \leqslant -1$，落在 H2 或其下方的元组属于类 -1。

落在 H1 和 H2 上的训练样本点即为支持向量，H 即为最大分离超平面，H 到 H1、H2 上任意点的距离均为 $\dfrac{1}{\|W\|}$，其中 $\|W\|$ 是欧几里得范数，即 $\sqrt{W \cdot W}$，那么最大边缘就是图 9.1 中 H1 到 H2 的距离 $\dfrac{2}{\|W\|}$。

对于在低维空间非线性可分的情况，可将数据映射到高维空间直到线性可分，并在高维空间寻找最优分隔超平面。而在实际过程中，只需在低维空间里寻找一个核函数代替高维空间里的线性函数，SVM 用到的核函数有多种，主要有 H 次多项式核、高斯径向基函数核、S 形核等。

9.2.2　建模过程

基于以上讨论的算法基本原理，本部分给出了保险欺诈监测的主要步骤：

① 搜集数据：搜集保险欺诈相关数据，手动确定保险欺诈特征，对数据进行预处理；

② 重采样：导入数据，选择需判定属性，对不平衡数据重采样以平衡两类数据数目；

③ 分类预测：采用 SVM 分类器对平衡后的数据进行训练，使用训练得到的模型对所有数据集进行预测，验证该方法的分类性能；

④ 特征选择：将特征的信息增益率由高到低排序，按规定分别选取几组特征子集重复步骤②、③。

比较几组实验的结果。

整体框架见图 9.2。

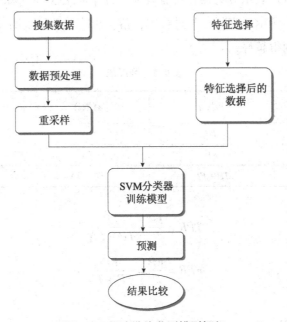

图 9.2　保险欺诈监测模型框架

搜集相关数据，并对数据进行预处理。从现实世界中搜集到的源数据可能是不完整的、含噪声的、重复的、不一致的，数据质量直接影响到数据挖掘的结果。所以，为提高数据挖掘的处理效率和准确性，对数据进行预处理是必要的。数据预处理的方法主要包括数据清洗、数据集成、数据变换和数据规约，通过以上方法可得到比较干净、准确、简洁的数据。

导入数据，手动选定判别属性后，对不平衡数据进行重采样，对少数有欺诈案例进行重复采样，多数无欺诈案例随机抽样，以获得平衡数据。对平衡后的数据采用 SVM 进行训练，并使用训练后得到的模型对全部数据进行预测，检测模型的分类性能。

为了更好地解释预测属性对保险欺诈的分类能力，在对除判定属性外的其他预测属性进行特征选择时，分别选取 GR 值不小于 0.005，0.01，0.02，0.05 的四组特征子集，比较这四组特征子集与全部特征的分类能力。

分类性能评价指标有很多，受试者工作特征曲线（ROC）可作为判断分类性能的工具，ROC 曲线下方面积越大，分类器分类性能越高。真正类率（TPR）表示一个分类器在所有无欺诈样本中能正确区分的无欺诈案例的性能，假正类率（FPR）表示分类器在所有有欺诈样本中有多少无欺诈案例的判断，列联表如表 9.1 所示。实际分类过程中，落在矩阵对角线上的数字（TP、TN）越大，说明预测得越好。

表 9.1　列联表

实际 ＼ 预测	无欺诈	有欺诈	合计
无欺诈	TP	FN	$TP + FN$
有欺诈	FP	TN	$FP + TN$
合计	$TP + FP$	$FN + TN$	

$$TPR = \frac{TP}{P} = \frac{TP}{TP + FN}$$

$$FPR = \frac{FP}{N} = \frac{FP}{FP + TN}$$

9.3　实证分析

步骤 1：搜集保险案例的相关数据，包括有欺诈和无欺诈，本章中用到的数据集包含 15420 条数据，其中 14497 条无欺诈保险数据，923 条有欺诈保险数据。手动确定 33 个特征，其中 PolicyNumber 为序号，与保险欺诈无关，可丢弃。将部分特征如年龄等离散化。选择判定属性 FraudFound，源数据中 FraudFound 为数值属性，应手动改为判别属性 Nominal {0，1}。包含判定属性的 32 个特征如表 9.2 所示。

表 9.2　属性表

序号	特　　征	序号	特　　征
1	Month	17	Deductible
2	WeekOfMonth	18	DriverRating
3	DayOfWeek	19	Days：Policy – Accident
4	Make	20	Days：Policy – Claim
5	AccidentArea	21	PastNumberOfClaims
6	DayOfWeekClaimed	22	AgeOfVehicle
7	MonthClaimed	23	AgeOfPolicyHolder
8	WeekOfMonthClaimed	24	PoliceReportFiled
9	Sex	25	WitnessPresent
10	MaritalStatus	26	AgentType
11	Age	27	NumberOfSupplments
12	Fault	28	AddressChange – Claim
13	PolicyType	29	NumberOfCars
14	VehicleCategory	30	Year
15	VehiclePrice	31	BasePolicy
16	RepNumber	32	FraudFound < P >

步骤 2：导入数据，由于该数据集中包含 14497 条无欺诈保险数据，923 条有欺诈保险数据，比例约为 15.7∶1，无欺诈数据远远多于有欺诈数据，该数据集是不平衡的。为取得平衡数据进行训练分类器，首先对该数据集进行重采样，得到 1515 条无欺诈数据，1569 条有欺诈数据，FraudFound = 0 表示无欺诈，FraudFound = 1 表示有欺诈，如表 9.3 所示。

表 9.3　重采样得到平衡数据

FraudFound	Count	Weight
0	1515	1515.0
1	1569	1569.0

步骤3：用SVM对平衡后的数据分类，本章选用LibSVM软件包作为分类器，用平衡数据训练，训练结果如表9.4和表9.5所示。将训练后的模型对全部数据集进行分类，得到结果如表9.6和表9.7所示。平衡数据训练ROC Area＝0.973，真正类率TPR高达0.973，而假正类率仅为0.027。在全部数据集上的分类结果ROC Area＝0.839，真正类率TPR为0.805，假正类率TPR为0.127。由此可见，训练后的SVM分类器可以有效实现对保险欺诈的监测。

表9.4　全部特征集训练平衡数据的分类准确率

Class	TP Rate	FP Rate	Precision	Recall	F – Measure	ROC Area
0	0.966	0.02	0.979	0.966	0.972	0.973
1	0.98	0.034	0.967	0.98	0.973	0.973
Weighted Avg.	0.973	0.027	0.973	0.973	0.973	0.973

表9.5　全部特征集训练平衡数据的混淆矩阵

实际　＼　预测	无欺诈	有欺诈
无欺诈	1463	52
有欺诈	32	1537

表9.6　训练后的分类器对全部数据集分类的准确率

Class	TP Rate	FP Rate	Precision	Recall	F – Measure	ROC Area
0	0.8	0.122	0.99	0.8	0.885	0.839
1	0.878	0.2	0.219	0.878	0.35	0.839
Weighted Avg.	0.805	0.127	0.944	0.805	0.853	0.839

表9.7　训练后的分类器对全部数据集分类的混淆矩阵

实际　＼　预测	无欺诈	有欺诈
无欺诈	11601	2896
有欺诈	113	810

步骤4：分别计算出每个预测属性的信息增益率，并按信息增益率由高到

低排序，大小及排序结果如表9.8所示。分别选取 GR 值不小于 0.005，0.01，0.02，0.05 的四组特征子集，对平衡数据集进行分类，得到的结果如表 9.9 ~ 表 9.16 所示。

表 9.8　特征的 GR 值及排序

信息增益率	排序后的属性	信息增益率	排序后的属性
0.164023	12 Fault	0.004787	15 VehiclePrice
0.070246	31 BasePolicy	0.004152	1 Month
0.065602	14 VehicleCategory	0.003711	7 MonthClaimed
0.057908	13 PolicyType	0.003369	2 WeekOfMonth
0.025233	25 WitnessPresent	0.002958	23 AgeOfPolicyHolder
0.018303	17 Deductible	0.00228	30 Year
0.016789	28 AddressChange－Claim	0.002231	22 AgeOfVehicle
0.01537	19 Days：Policy－Accident	0.002111	6 DayOfWeekClaimed
0.012683	26 AgentType	0.001056	27 NumberOfSuppliments
0.010286	24 PoliceReportFiled	0.000658	10 MaritalStatus
0.008506	20 Days：Policy－Claim	0.000593	3 DayOfWeek
0.007987	9 Sex	0	16 RepNumber
0.005891	5 AccidentArea	0	18 DriverRating
0.005569	4 Make	0	8 WeekOfMonthClaimed
0.005467	21 PastNumberOfClaims	0	11 Age
0.004988	29 NumberOfCars		

表 9.9　GR≥0.005 特征子集训练平衡数据的分类准确率

Class	TP Rate	FP Rate	Precision	Recall	F－Measure	ROC Area
0	0.585	0.057	0.909	0.585	0.712	0.764
1	0.943	0.415	0.702	0.943	0.805	0.764
Weighted Avg.	0.768	0.239	0.804	0.768	0.759	0.764

表 9.10　GR≥0.005 特征子集训练平衡数据的混淆矩阵

实际 \ 预测	无欺诈	有欺诈
无欺诈	887	628
有欺诈	89	1480

表 9.11　GR≥0.01 特征子集训练平衡数据的分类准确率

Class	TP Rate	FP Rate	Precision	Recall	F – Measure	ROC Area
0	0.581	0.056	0.909	0.581	0.709	0.762
1	0.944	0.419	0.7	0.944	0.804	0.762
Weighted Avg.	0.766	0.241	0.803	0.766	0.757	0.762

表 9.12　GR≥0.01 特征子集训练平衡数据的混淆矩阵

实际 \ 预测	无欺诈	有欺诈
无欺诈	880	635
有欺诈	88	1481

表 9.13　GR≥0.02 特征子集训练平衡数据的分类准确率

Class	TP Rate	FP Rate	Precision	Recall	F – Measure	ROC Area
0	0.586	0.08	0.876	0.586	0.702	0.753
1	0.92	0.414	0.697	0.92	0.793	0.753
Weighted Avg.	0.756	0.25	0.785	0.756	0.748	0.753

表 9.14　GR≥0.02 特征子集训练平衡数据的混淆矩阵

实际 \ 预测	无欺诈	有欺诈
无欺诈	888	627
有欺诈	126	1443

表 9.15　GR ≥ 0.05 特征子集训练平衡数据的分类准确率

Class	TP Rate	FP Rate	Precision	Recall	F – Measure	ROC Area
0	0.584	0.08	0.875	0.584	0.701	0.752
1	0.92	0.416	0.696	0.92	0.792	0.752
Weighted Avg.	0.755	0.251	0.784	0.755	0.747	0.752

表 9.16　GR ≥ 0.05 特征子集训练平衡数据的混淆矩阵

实际＼预测	无欺诈	有欺诈
无欺诈	885	630
有欺诈	126	1443

步骤 5：比较几组结果，ROC Area 分别为 0.764，0.762，0.753，0.752。可以发现，相对于全部特征集分类 ROC Area = 0.973，特征子集的分类能力稍有降低，但四组特征子集的分类性能没有显著差别。比较特征选择后的四组结果，可以发现真正类率 TPR 较低，仅在 0.5 到 0.6 之间，真正类率越低说明该模型在所有无欺诈样本中发现无欺诈案例的能力越低。而假正类率 FPR 都很低，都在 0.1 以下，假正类率越低说明该模型在所有有欺诈样本中发现有欺诈案例的能力越高。这说明经特征选择后的特征子集发现无欺诈案例的能力低，而对监测出真正存在欺诈的保险案例的能力高。

9.4　本章小结

观察实验结果，发现针对不平衡数据集，使用重采样方法可以有效克服不平衡数据的弊端来预测保险欺诈，SVM 方法在预测保险欺诈时也具有较高的准确率。进一步可发现，经特征选择后的特征子集在进行保险欺诈预测时真正类率和假正类率都较低，这说明经特征选择后的特征子集发现无欺诈案例的能力低，而监测有欺诈案例的能力高。也就是说，经特征选择后的特征子集训练出的分类器，对存在欺诈的保险案例比较敏感，能找出大部分实际有欺诈的案例，但也容易将很多实际无欺诈的案例判定为有欺诈。实际情况中经常要平衡成本、真正类率和假正类率，在尽量节省成本的情况下，有的要更注重提高真正类率，而有的则尽量降低假正类率。

本实验在特征选择时选出的欺诈指示因子不具有特别明显的实际意义，相对于所有特征集来说，特征子集的预测能力不具有说服力。在以后的实验中，可以进一步研究特征选择的其他方法，以期选择出有效的欺诈指示因子。

参考文献

[1] Ll. Berm′udeza, J. M. P′erezb, M. Ayusoc, E. G′omezd, F. J. V′azquezd. A Bayesian dichotomous model with asymmetric link for fraud in insurance [J]. Insurance：Mathematics and Economics, 2008 (42)：779 – 786.

[2] S. Viaenea, b, *, G. Dedeneb, c, R. A. Derrig. Auto claim fraud detection using Bayesian learning neural networks [J]. Expert Systems with Applications, 2005 (29)：653 – 666.

[3] Wei Xu, Shengnan Wang, Dailing Zhang, Bo Yang. Random Rough Subspace based Neural Network Ensemble for Insurance Fraud Detection [C]. Fourth International Joint Conference on Computational Sciences and Optimization, 2011.

[4] Isabelle Guyon. Andr′e Elisseeff. An introduction to variable and feature selection [J]. Journal of Machine Learning Research, 2003 (3)：1157 – 1182.

[5] P. Ravisankar, V. Ravi, G. Raghava Rao, I. Bose. Detection of financial statement fraud and feature selection using data mining techniques [J]. Decision Support Systems, 2011 (50)：491 – 500.

[6] Aixin Sun, Ee – Peng Lim, Ying Liu. On strategies for imbalanced text classification using SVM：A comparative study [J]. Decision Support Systems, 2009 (48)：191 – 201.

[7] 张丽新，王家，赵雁南，杨泽. X 基于 Relief 的组合式特征选择. 复旦学报. 2004 – 10 (5).

[8] Cortes, Corinna, Vapnik, Vladimir N. Support – Vector Networks [J]. Machine Learning, 1995 (20).

第 10 章　基于 Logistic 回归的企业破产预测

本章主要介绍了一个基于 Logistic 回归的预测模型，用于企业破产问题研究。首先，本章描述了破产预测研究的变化趋势和研究现状；其次，详细介绍了 Logistic 回归方法；最后将 Logistic 回归用于企业破产问题，并进行了实证检验与对比分析。

10.1　引　言

破产，是指当债务人的全部资产无法清偿到期债务时，债权人通过一定法律程序将债务人的全部资产供其平均受偿，从而使债务人免除不能清偿的其他债务。预测企业破产或是企业财务困境对金融决策非常有意义，主要体现在两方面：对于企业经营者来说，正确地预测企业破产困境，可使他们正视自身企业的问题，对今后的经营策略提出建设性的意见，使得经营者可以选择更好的方向，以便及时消除财务困境的影响；对投资者来说，正确地预测企业破产困境，可以使他们在追求投资回报的时候避免不必要的损失。尤其是对银行机构来说，在审批某企业贷款或其他补救措施时，正确地预测可以体现企业的还款能力，对银行是否作出贷款决定有帮助。

从 20 世纪 60 年代开始，学者们开始对破产问题进行研究。破产预测是一种二元判定，即预测结果是破产或不破产。需同时考虑两方面的误差，即把破产的企业预测为正常的误差率和把正常企业预测为破产的误差率。目前在文献中，处理企业破产预测问题主要有两类研究技术：传统的数据分析方法（计量分析方法）以及人工智能和机器学习方法。

在数据分析方法中，Beaver（1966）提出了最早的破产预测模型，在建模时选取了同一时间段内 79 家发生财务危机并破产的企业，再选取了另外 79 家规模相近、属于相同产业但是经营良好未破产的企业，将这 158 家企业作为研究对象。采用单变量的分析方法，确定出了三个对预测企业破产最有效的财务比率：现金流量对总负债比率，税后净利润对总资产比率，总负债对总资产比率。

Altman（1968）在此基础上，运用多变量分析方法，对 22 个财务比率进行筛选后提出了著名的 Z–score 模型，即含有 5 个变量指标的预测模型，根据 Z 值的大小来判断企业发生财务危机的可能性。但是由于各国家各行业的实际情况不尽相同，这个含有 5 个变量的模型中的权重也会发生变化，导致 Z–score 模型不能拥有一个统一、有效的表达形式。

在 Z–score 模型之后，Altman、Haldeman 和 Narayanan 于 1977 年提出了 ZETA 评分模型。ZETA 模型使用了 7 个财务指标：资产收益率、收益稳定性指标 、债务偿付能力指标、累计赢利能力指标、流动性指标、资本化程度的指标、规模指标，进行多元线性判定。在学者的实验中，ZETA 模型预测效率高于 Z–score 模型。在此之后，Ohlson（1980）又将 Logistic 回归模型应用到破产预测上，并一直沿用至今。

从 20 世纪 80 年代以来，人工智能和机器学习的方法也广泛应用于企业破产预测中，不少研究都显示，这类方法比传统的数据分析方法表现更好，尤其是在处理非线性的分类问题中（如决策树（Decision Tree）、神经网络（NN）以及支持向量机（SVM）方法）。

10. 2　Logistic 回归方法

在因变量描述微观个体的某种选择或属性时，即为定性变量；对应这样的模型即为定性选择模型。不同于定量选择模型，定性选择的因变量可分为几类：即做某种选择，尤其是对于二选择的因变量，可以分别用 0 和 1 表示。在构建模型的时候需要考虑两个问题：第一是拟合值在 0 到 1 的范围内；第二是自变量和因变量 $Y=1$ 的概率之间存在线性关系。因此，采用了二元响应模型。

在这个模型中，因变量用 Y 表示，取值范围为 0～1；对 Y 有影响的 k 个因素选为自变量 X_k，假设自变量的一组参数为 β_0，β_1，β_2，$\cdots$，β_k，其中 β_0 是截距项。考虑一类二元响应模型

$$P\ (Y=1\mid x)\ =G\ (\beta_0+\beta_1X_1+\cdots+\beta_kX_k)\ =G\ (x'\beta)$$

其中，G 是一个取值严格位于 0 和 1 之间的函数，即 $0<G\ (z)\ <1$。取 $G\ (z)\ =$ $\dfrac{e^z}{1+e^z}$ 就可以得到 Logistic 回归模型，可以写成如下两个公式：

$$P\ (Y=1\mid x)\ =\frac{e^{x'\beta}}{1+e^{x'\beta}}$$

$$logit\ (P)\ =ln\left(\frac{P}{1-P}\right)=\beta_0+\beta_1X_1+\beta_2X_2+\cdots+\beta_kX_k$$

对 Logistic 回归模型的参数估计，通常采用最大似然估计法（Maximum Likelihood Estimate，MLE），其统计原理是先对 n 个样本建立似然函数

$$L(\beta)\ =\prod_{i=1}^{n}P_i^{Y_i}(1-P_i)^{1-Y_i}$$

其中，$P_i=P\ (Y_i=1\mid X_1,\ X_2,\ \cdots,\ X_m)$ 表示在第 i 个样本的自变量作用下选择为 1 发生的概率，此时取 $Y_i=1$，否则取 $Y_i=0$。通过取自然对数变换，得到对数似然函数 $\ln L(\beta)\ =\sum_{i=1}^{n}\left[Y_i\ln P_i+(1-Y_i)\ln(1-P_i)\right]$。根据对数函数性质可知，似然函数和对数似然函数的单调性相同，可对似然函数求导数建立对数似然方程，采用迭代方法可求得参数的估计值 $\hat\beta_i$，作为 Logistic 回归模型参数的最大似然估计。在做 Logistic 回归模型的拟合时有多种方法：前进法，后退法和逐步法。

Logistic 回归模型的检验主要有：对回归系数的检验，对 Logistic 回归模型的拟合优度检验和对 Logistic 回归模型的预测准确度的检验。对回归系数的检验可以分为对模型中所有回归系数的检验和对单一回归系数的检验，主要采用似然比检验和 Wald 检验；回归模型的拟合优度检验主要使用 Pearsonχ^2 检验和 Homser – Lemeshow 统计量；对回归模型的预测准确度检验主要使用广义决定系数 R^2。

10.3　实证分析

企业的破产情况和企业经营的财务状况有很大的关系，本次实验希望利用 Logistic 回归模型对公司财务数据进行分析预测，以得到该公司破产情况的预

测值，并比较模型预测的准确性。

10.3.1 数据预处理

本次实验采用的数据集信息如表 10.1 所示，我们根据 2∶1 的比例将数据集分为训练集和测试集。

表 10.1 数据集信息

破产信息（共240 个）	总样本数	破产/正常数	属性个数
训练集	160	76 / 84	30
测试集	80	36 / 44	30

两个数据集的属性代表的财务指标如表 10.2 所示。

表 10.2 破产信息的指标含义

变量	含义	变量	含义
X_1	Cash/Current liabilities	X_{16}	Sales/Receivables
X_2	Cash/Total assets	X_{17}	Sales/Total assets
X_3	Current assets/Current liabilities	X_{18}	Sales/Current assets
X_4	Current assets/Total assets	X_{19}	(365 * Receivables) /Sales
X_5	Working Capital/Total assets	X_{20}	Sales/Total assets
X_6	Working capital/Sales	X_{21}	Liabilities/Total income
X_7	Sales/Inventory	X_{22}	Current liabilities/Total income
X_8	Sales/Receivables	X_{23}	Receivables/Liabilities
X_9	Net profit/Total assets	X_{24}	Net profit/Sales
X_{10}	Net profit/Current assets	X_{25}	Liabilities/Total assets
X_{11}	Net profit/Sales	X_{26}	Liabilities/Equity
X_{12}	Gross profit/Sales	X_{27}	Long term liabilities/Equity
X_{13}	Net profit/Liabilities	X_{28}	Current liabilities/Equity
X_{14}	Net profit/Equity	X_{29}	EBIT/Total assets
X_{15}	Net profit/ (Equity + Long term liabilities)	X_{30}	Current assets/Sales

10.3.2 实验步骤

首先，在建立回归模型之前，考察样本数据的分布规律以确定方法检查各指标变量在破产企业与正常企业之间的差异显著性,剔除其中不显著的指标。然后,利用主成分分析提炼出数量适合 Logistic 回归的几个主成分变量。之后,采用 Logistic 回归。进入 Logistic 回归步骤后,分别采用强制全部变量进入方程的方法和前进法构建回归模型。最后,利用预测集数据检验模型效果并得出结论。Logistic 回归的实施过程见图 10.1。

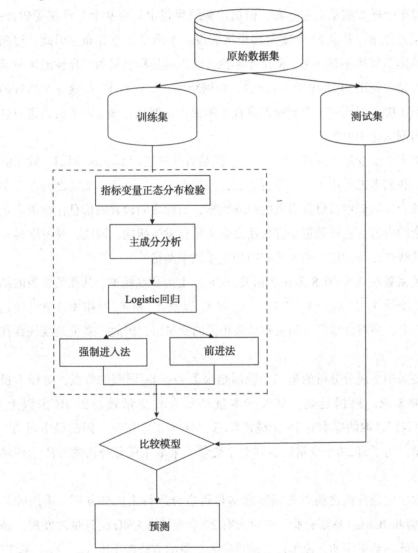

图 10.1　Logistic 回归的实施过程

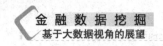
10.3.3 主成分分析

首先检验样本是否服从正态分布，以便确认下一步的检验方法。若经检验，总体服从正态分布，则适宜采用 t 检验进行分析；若不服从，则改用非参数方法来进行分析。

假设单个样本服从正态分布，根据检验结果得出只有 9 个变量接受假设，即满足正态分布；其余 21 个变量均拒绝假设，不满足正态分布。因此，可判断样本总体不服从正态分布，使用非参数方法以对指标变量的差异性或区分能力进行检验。使用 SPSS 中的 KS 检验，根据结果，X_4、X_5 和 X_{25} 这 3 个指标的 P 值大于 0.05，说明这 3 个指标差异性不明显，不能较好地对两类公司进行区分，应当剔除这 3 个变量。

剔除了 3 个变量，还剩 27 个变量。但是若此时进行 Logistic 回归，效果必定不好。我们考虑使用主成分分析方法，原因有二：一是样本变量之间存在多重共线性，各指标取自财务报表的财务数据，指标之间包含的信息存在很多重叠及冗余的内容，这样的重叠容易使得真实信息发生扭曲。因此，要考察样本的多重共线性。我们用两两变量间的相关系数来衡量。

相关系数在 0.5～0.8 为显著相关，0.8 以上为高度相关。从相关系数的结果来看，变量 X_7 和 X_{10}、X_{11} 和 X_{12}、X_6 和 X_{19} 以及 X_{26} 和 X_{28} 的相关系数已经达到 0.9 以上，另有许多高度相关和显著相关的变量组，因此，多重共线性存在明显。

需要采用主成分分析的第二个原因是根据 Logistic 回归的特点，对样本量有严格的要求。根据经验，要求样本量是最大自变量数目的 10 倍以上。信息 1 中我们选取的样本有 76 个破产信息、84 个正常信息，因此最多可有 7 个自变量。为了将 27 个变量减少到 7 个变量，采取主成分分析的方法达到降维的目的。

采取主成分分析之前首先判断样本是否适合进行主成分分析，采用的是 KMO 检验和 Bartlett 球形检验。当对所有 27 个变量求 KMO 统计量时发现，相关系数矩阵不是正定的，使用逐步前进带入变量的方法确定出 X_{16}、X_{20}、X_{28} 三个变量影响了相关矩阵的正定性，剔除这三个变量之后进行检验。求出的结果如表 10.3 所示。

表 10.3　KMO 和 Bartlett 的检验

取样足够度的 Kaiser – Meyer – Olkin 度量		0.556
Bartlett 的球形检验	近似卡方	6401.067
	df	276
	Sig.	0.000

KMO 取值范围是 0 ~ 1，达到 0.5 以上就可以使用主成分分析法。此处为 0.556，说明本样本适合用主成分分析法。

对 24 个变量进行主成分分析，结果如表 10.4 所示。

表 10.4　解释的总方差

成分	初始特征值		
	合计	方差（%）	累积（%）
1	6.574	27.393	27.393
2	3.506	14.610	42.004
3	2.341	9.755	51.758
4	2.273	9.469	61.228
5	1.959	8.163	69.391
6	1.775	7.395	76.786
7	1.097	4.571	81.356
8	0.965	4.021	85.377
9	0.829	3.455	88.832
10	0.680	2.834	91.666
11	0.547	2.279	93.945
12	0.386	1.609	95.554
13	0.274	1.143	96.696
14	0.214	0.891	97.588
15	0.168	0.700	98.287
16	0.152	0.633	98.920
17	0.105	0.437	99.358
18	0.067	0.278	99.635
19	0.043	0.181	99.816
20	0.019	0.079	99.895
21	0.015	0.064	99.960
22	0.008	0.034	99.994
23	0.001	0.006	100.000
24	0.000	0.000	100.000

选取保留主成分的根据主要有两个：一是主成分的累积贡献率，通常要求累计贡献率达到80%；二是特征根大于1。因此，选取了7个主成分，累计贡献率达到81.356%。由此所得的主成分得分系数矩阵即为每个主成分的系数。最终得到的7个主成分的表达式如下：

$F_1 = 0.095 * X_1 + 0.077 * X_2 + 0.102 * X_3 + 0.000 * X_6 + 0.005 * X_7 + 0.001 * X_8 + 0.140 * X_9 + 0.133 * X_{10} + 0.111 * X_{11} + 0.116 * X_{12} + 0.123 * X_{13} + 0.074 * X_{14} + 0.061 * X_{15} + 0.041 * X_{17} + 0.025 * X_{18} - 0.004 * X_{19} - 0.018 * X_{21} - 0.018 * X_{22} + 0.073 * X_{23} + 0.110 * X_{24} - 0.029 * X_{26} + 0.007 * X_{27} + 0.134 * X_{29} - 0.002 * X_{30}$

$F_2 = 0.022 * X_1 - 0.010 * X_2 + 0.016 * X_3 - 0.242 * X_6 - 0.012 * X_7 - 0.138 * X_8 - 0.028 * X_9 - 0.008 * X_{10} + 0.030 * X_{11} + 0.022 * X_{12} - 0.024 * X_{13} + 0.005 * X_{14} - 0.002 * X_{15} - 0.140 * X_{17} - 0.147 * X_{18} + 0.262 * X_{19} + 0.058 * X_{21} + 0.049 * X_{22} + 0.056 * X_{23} + 0.120 * X_{24} + 0.006 * X_{26} + 0.043 * X_{27} - 0.042 * X_{29} + 0.259 * X_{30}$

$F_3 = -0.187 * X_1 - 0.135 * X_2 - 0.194 * X_3 - 0.177 * X_6 + 0.052 * X_7 + 0.151 * X_8 + 0.061 * X_9 + 0.048 * X_{10} + 0.017 * X_{11} + 0.020 * X_{12} - 0.049 * X_{13} + 0.054 * X_{14} + 0.081 * X_{15} + 0.210 * X_{17} + 0.250 * X_{18} + 0.124 * X_{19} - 0.173 * X_{21} - 0.179 * X_{22} - 0.153 * X_{23} + 0.082 * X_{24} + 0.104 * X_{26} + 0.123 * X_{27} + 0.071 * X_{29} + 0.126 * X_{30}$

$F_4 = 0.068 * X_1 + 0.054 * X_2 + 0.045 * X_3 + 0.019 * X_6 - 0.015 * X_7 - 0.030 * X_8 - 0.041 * X_9 - 0.026 * X_{10} + 0.142 * X_{11} + 0.139 * X_{12} + 0.051 * X_{13} - 0.302 * X_{14} - 0.262 * X_{15} + 0.044 * X_{17} + 0.063 * X_{18} - 0.032 * X_{19} + 0.029 * X_{21} + 0.030 * X_{22} + 0.023 * X_{23} + 0.020 * X_{24} + 0.346 * X_{26} + 0.306 * X_{27} - 0.030 * X_{29} - 0.030 * X_{30}$

$F_5 = -0.200 * X_1 - 0.161 * X_2 - 0.154 * X_3 + 0.069 * X_6 + 0.060 * X_7 - 0.103 * X_8 + 0.031 * X_9 + 0.072 * X_{10} + 0.150 * X_{11} + 0.140 * X_{12} - 0.081 * X_{13} + 0.150 * X_{14} + 0.143 * X_{15} + 0.016 * X_{17} + 0.037 * X_{18} - 0.065 * X_{19} + 0.367 * X_{21} + 0.370 * X_{22} - 0.083 * X_{23} + 0.044 * X_{24} + 0.055 * X_{26} + 0.094 * X_{27} + 0.027 * X_{29} - 0.071 * X_{30}$

$F_6 = 0.128 * X_1 + 0.129 * X_2 + 0.071 * X_3 - 0.150 * X_6 - 0.039 * X_7 +$

$0.344 * X_8 - 0.010 * X_9 - 0.031 * X_{10} - 0.184 * X_{11} - 0.161 * X_{12} + 0.117 * X_{13} - 0.093 * X_{14} - 0.080 * X_{15} + 0.219 * X_{17} + 0.220 * X_{18} + 0.080 * X_{19} + 0.287 * X_{21} + 0.282 * X_{22} + 0.045 * X_{23} + 0.029 * X_{24} - 0.060 * X_{26} - 0.095 * X_{27} + 0.009 * X_{29} + 0.118 * X_{30}$

$F_7 = 0.176 * X_1 + 0.242 * X_2 + 0.049 * X_3 + 0.030 * X_6 - 0.469 * X_7 + 0.101 * X_8 - 0.085 * X_9 - 0.135 * X_{10} - 0.111 * X_{11} - 0.116 * X_{12} - 0.080 * X_{13} + 0.286 * X_{14} + 0.469 * X_{15} - 0.049 * X_{17} - 0.013 * X_{18} - 0.048 * X_{19} - 0.007 * X_{21} - 0.006 * X_{22} - 0.011 * X_{23} + 0.010 * X_{24} + 0.252 * X_{26} + 0.383 * X_{27} - 0.117 * X_{29} - 0.021 * X_{30}$

可以看出，对主成分 F_1，变量 X_9、X_{29} 和 X_{10} 的影响较重要；对 F_2，变量 X_{19}、X_{24} 和 X_{30} 的影响较重要；对 F_3，变量 X_{17} 和 X_{18} 的影响较重要；对 F_4，变量 X_{26} 和 X_{27} 的影响较重要；对 F_5，变量 X_{21} 和 X_{22} 的影响较重要；对 F_6，变量 X_8、X_{21} 和 X_{22} 的影响较重要；对 F_7，变量 X_{15} 和 X_{27} 的影响较重要。

10.3.4　Logistic 回归

下面将此 7 个主成分带入 Logistic 回归。进行回归时采用两种方法：强制所有变量进入方程和逐步向前选择，分别得到模型 1 和模型 2。

根据 SPSS 模型 1 的分类结果如表 10.5 所示。

表 10.5　方程中的变量

变量	B	S. E.	Wals	df	Sig.	Exp（B）
F_1	-4.566	1.187	14.797	1	0.000	0.010
F_2	3.964	1.925	4.242	1	0.039	52.663
F_3	-4.749	3.738	1.614	1	0.204	0.009
F_4	0.459	0.783	0.345	1	0.557	1.583
F_5	10.110	6.376	2.514	1	0.113	24589.566
F_6	7.260	3.990	3.310	1	0.069	1422.332
F_7	0.201	0.387	0.269	1	0.604	1.222
常量	0.678	0.570	1.415	1	0.234	1.969

建立线性回归方程：

Logit（P）= $0.678 - 4.566 * F_1 + 3.964 * F_2 - 4.749 * F_3 + 0.459 * F_4 +$

$10.110 * F_5 + 7.260 * F_6 + 0.201 * F_7$

对该方程做进一步变换就可以得到最终的回归模型

$$P = \frac{e^{0.678 - \cdots + 0.201 * F_7}}{1 + e^{0.678 - \cdots + 0.201 * F_7}}$$

Hosmer – Lemeshow 检验的结果如表 10.6 所示。

表 10.6　检验结果

Hosmer 和 Lemeshow 检验		
卡方	df	Sig.
9.936	8	0.270

如果检验的 P 值大于 0.05，说明模型的拟合效果良好；本模型中 P 值为 0.27 > 0.05，说明拟合效果较好。同时，模型 1 对样本的分类情况如表 10.7 所示。

表 10.7　模型 1 的分类结果

实际值		预测值		
		Y		百分比校正
		0	1	
Y	0	62	22	73.8%
	1	11	65	85.5%
总计百分比		79.4%		

根据 SPSS 模型 2 的分类结果如表 10.8、表 10.9、表 10.10 所示。

表 10.8　方程中的变量

变量	B	S.E	Wals	df	Sig.	Exp（B）
F1	-2.901	0.547	28.113	1	0.000	0.055
常量	-0.228	0.203	1.257	1	0.262	0.796

表 10.9　模型 2 的检验

Hosmer 和 Lemeshow 检验		
卡方	df	Sig.
6.316	8	0.612

表 10.10 模型 2 的分类结果

实际值		预测值		
		Y		百分比校正
		0	1	
Y	0	61	23	72.6%
	1	14	62	81.6%
总计百分比		76.9%		

据此可建立线性回归方程：$\text{Logit}(P) = -2.901F_1 - 0.228$。对该方程做进一步变换就可以得到最终的回归模型：

$$P = \frac{e^{-2.901F_1 - 0.228}}{1 + e^{-2.901F_1 - 0.228}}$$

10.3.5 模型检验

将预留的 80 个预测集分别代入模型 1 和模型 2 进行检验，得到的分类结果如表 10.11 和表 10.12 所示。

表 10.11 模型 1 的预测结果

实际值		预测值		
		Y		百分比校正
		0	1	
Y	0	21	23	52.2%
	1	14	22	61.1%
总计百分比		56.2%		

由预测结果可以看出，模型 2 预测要好于模型 1。

根据上面的实验可以看出，引入主成分的 Logistic 模型对企业破产的预测有一定的准确率，但是在变量很多的时候，没有非常有效的变量选取办法。

表10.12　模型2的预测结果

实际值		预测值		
		Y		百分比校正
		0	1	
Y	0	33	11	75.0%
	1	21	15	41.7%
总计百分比		60.1%		

10.4　本章小结

本章以一组破产数据集为研究对象，根据主成分分析方法和 Logistic 回归方法，建立适当的预测模型。对于数据集，从30个变量中提取出了7个主成分因子，从而建立了两个回归模型：一个是7个主成分因子的 Logistic 回归模型，另一个是只含有一个显著主成分因子的 Logistic 回归模型。不同模型预测准确度的对比如表10.13所示。

表10.13　预测模型准确度比较

数据集	模型1（%）	模型2（%）	改进比例
训练集	79.4	76.9	-2.5
预测集	56.2	60.1	3.9

从对比的情况来看，对于同一个数据集，模型2的预测准确度比模型1高很多，因此，可以判断：采用指标显著的模型对预测更有效。

根据检验结果知道，Logistic 回归模型对破产的预测是有效的。但是，研究结果仍具有一定的局限性。模型的结论并不能完全确定对企业破产的关键影响因素，由主成分因子确定的成分并没有整合成表示特定方向的财务指标，而是一组表示各方面财务指标的组合。

参考文献

[1] Beaver, W. Financial ratios as predictors of failure, empirical research in accounting: Selected studied [J]. Journal of Accounting Research, 1966: 71 - 111.

［2］Altman, E. L. Financial ratios, discriminant analysis and the prediction of corporate bankruptcy ［J］. The Journal of Finance, 1968, 23 (3): 589 – 609.

［3］Altman, Haldman, Narayanan. ZETA Analysis: A New Model to Identify Bankruptcy Risk of Corporations ［J］. Journal of Banking and Finance, 1977 (1): 29 – 54.

［4］Ohlson, J. Financial ratios and the probabilistic prediction of bankruptcy ［J］. Journal of Accounting Research, 1980, 18 (1): 109 – 131.

［5］Hung, Chihli & Chen, Jing – Hong. A selective ensemble based on expected probabilities for bankruptcy prediction ［J］. Expert Systems with Applications, 2009, 36 (3 Part 1): 5297 – 5303.

［6］Chih – Fong, Tsai. & Jhen – Wei, Wu. Using neural network ensembles for bankruptcy prediction and credit scoring ［J］. Expert Systems with Applications, 2008 (34): 2639 – 2649.

［7］Sung – Hwan, Min. & Jumin, Lee. Hybrid genetic algorithms and support vector machines for bankruptcy prediction ［J］. Expert Systems with Applications, 2006 (31): 652 – 660.

［8］张爱民，祝春山，许丹建. 上市公司财务失败的主成分预测模型及其实证研究 ［J］. 金融研究, 2001 (3): 37 – 45.

［9］张梅林. 应用统计学 ［M］. 上海：复旦大学出版社, 2008.

［10］高祥宝，董寒青. 数据分析与 SPSS 应用 ［M］. 北京：清华大学出版社, 2007.

［11］吴世农，卢贤义. 我国上市公司财务危机的预测模型研究 ［J］. 经济研究, 2001 (6).

［12］张玲. 财务危机预警分析判别模型 ［J］. 数量经济技术经济研究, 2000 (3): 49 – 51.

第 11 章　基于数据挖掘的财务报表欺诈监测方法

本章主要介绍四种在数据挖掘技术中常用的集成算法，即 Bagging、Boosting、Random Subspace 以及 Stacking，并使用这四种集成算法对简单的数据挖掘算法进行集成，用于财务报表的欺诈检测。首先，本章描述了财务报表欺诈的危害以及相关研究；其次，本章介绍了四种集成算法的集成思路；最后，采用集成算法，集成简单的数据挖掘算法进行财务报表欺诈的预测，并进行相关的实证分析与对比检验。

11.1　引　言

金融欺诈一直以来都是一个世界性的问题。常见的金融欺诈包括保险欺诈、银行欺诈、债券与期货欺诈、财务报表欺诈等（E. W. T. Ngai 等，2011）。其中，财务报表欺诈会给企业投资者和普通民众投资者带来巨大的损失。2001年，安然公司的突然破产导致 JP 摩根和花旗银行等损失数亿美元资金，而很多作为普通投资者的股民也为此赔得血本无归。美国甚至因安然事件紧急通过了《萨班斯法案》以保护投资者的利益。因此，防范金融欺诈中的财务报表欺诈是一项非常重要的任务。

要识别财务报表欺诈，首先需要了解什么是财务报表。财务报表是反映一个公司运营状况的基本材料。例如，美国的 SEC（Security Exchange Commission）要求上市公司提交名为 10k 的财务报表（财务报表的一个类型）。财务报表通常包含若干个部分，以 10k 为例，财务报表中描述了包括公司的主营业务、运营风险、资产、法律情况、市场情况、财务数据、管理层对公司的分析等几个部分。通过仔细地阅读财务报表，投资者可以了解到公司是否正在平稳地运营或者是否正在经历一场危机。因此，证监会要求每一个上市公司都提交并公开他们的财务报表，以让投资者获得对公司发展前景的正确认识，从而选择是否投资。如果公司对自己的财务报表进行造假，公众在不知情的情况下就会对公司的可投资情况做出错误的判断，给投资者带来损失。

通常来说，负责检查财务报表欺诈的是审计师。然而，随着财务报表欺诈出现得越来越多，审计师的负担也变得越来越重。另外，在审计财务报表时，审计师的主观性会影响对财务报表欺诈的判断（P. Ravisankar 等，2011），且财务报表欺诈风险的判断和审计师的经验相关（Carol A. Knapp 等，2001[4]）。因此，数据挖掘技术可以被引用进来以帮助识别财务报表欺诈从而减轻审计师的负担。同时，就目前来说，数据挖掘技术已经用于很多金融领域当中：信用评价、股票价格预测等。可是采用数据挖掘技术来研究财务报表欺诈的依然较少。因此，本章将采用数据挖掘技术对财务报表是否具有欺诈信息作出检测，并主要探究集成算法在财务报表欺诈检测领域对基础数据挖掘算法表现的影响。

11.2　相关文献综述

就目前来看，使用数据挖掘技术来研究财务报表欺诈文献的主要研究路线有两个：通过财务报表的财务数据，主要包括现金流量表（Cash Flow Statement）、资产负债表（Balance Sheet）和利润表（Income Statement）当中的各种财务数据，来判别公司是否存在财务报表欺诈；第二，通过财务报表中的文本语言来判断财务报表是否存在欺诈，而这会运用到一些沟通与心理学中的欺诈理论。例如，信息捏造理论（Information Manipulation Theory，IMT）（S. A. McCornack，1992）和科学内容分析（Scientific Content Analysis，SCAN）（L. N. Driscoll，1994）。

大多数使用数据挖掘技术来研究财务报表欺诈的主要集中在使用财务报表中的量化数据来研究（Kirkos 等，2004）。J. E. Sohl 等（1995）采用 BPNN 来对财务报表欺诈进行预测。K. A. Kaminski 等（2004）采用财务报表中的各种比率指标作为数据挖掘算法的变量来研究这些财务指标能否作为欺诈财务报表识别的依据。P. Ravisankar 等（2011）使用了 MLFF、SVM、GP、GMDH、LR 和 PNN 数据挖掘方法，并采用了 35 个财务报表中的财务指标作为属性变量对财务报表欺诈与否进行分类。他们还采用了 t 检验来对属性进行筛选，并且比较不同数量属性的分类效果。Belinna Bai 等（2008）使用 CART（Classification and Regression Tree），并采用21个财务指标对中国公司的财务报表在有无行业标准的两种情况下进行分类，并与逻辑回归算法的效果进行比较。他们的研究发现 CART 无论在有没有行业标准的情况下，表现都要强于逻辑回归，且有行业标准的 CART 表现要更好一些。K. M. Fanning 等（1998）采用了 ANN 来做欺诈财务报表分类。他们使用的输入变量不仅包括基本的财务指标（如速动比率等），还包括公司管理、审计情况等量化信息作为输入变量（如公司董事会的人数）。他们的研究结果显示财务报表欺诈往往与较高的应付账款 – 销售额比率、库存 – 销售额比率、应付账款增长比率、债权比以及较低的 Z – score、销售额 – 总资产比率，净生产设备 – 总资产比率相关。P. – F. Pai 等（2011）采用台湾75家公司财务报表（25家欺诈，50家非欺诈）中的财务指标作为数据，构建了一个基于支持向量机的 SVMFW 模型，以帮助审计师减少审计风险。他们使用 SFS（Sequential Forward Selection）来做数据降维，用 SVM 来做欺诈风险评估，用 PSO（Particle Swarm Optimization）来优化 SVM 参数，最后使用 CART 来给出一个易于理解的分类标准。E. Kirkos 等（2006）采用了76个希腊公司的财务报表中的财务数据作为变量，比较了 DT、NN 和贝叶斯网络在识别欺诈财务报表方面的表现，并发现贝叶斯网络表现最好，NN 次之，DT 最差。Kotsiantis 等（2006）采用164个希腊公司的财务报表中的财务数据作为变量，并采用集成算法，比较了 Stacking、Voting、Grading 对欺诈财务报表分类的情况。

在使用文本挖掘技术方面，Fletcher H. Glancy 等（1011）从 SEC 要求的 10k 表格当中抽取了 MD & A（Management Discussion & Analysis）部分的文本，并采用奇异值分解方法降维文本并最后采用聚类方式对文档进行分类。N. T. Churyk 等（2009）则采用定性的方式分析了被 SEC 要求重述财务报表和没有被要求重述的财务报表之间存在的语义学区别。Sean L. Humpherys 等（2011）则根据 IDT、IMT 等理论构造出了24个欺诈线索指标，获取 10k 的 MD & A 中各个欺诈线索指标的值，并作为数据挖掘算法变量来对财务报表的欺诈与否进行分类，并且采用 MANOVAs 方法来检验每一个欺诈线索指标对于识别欺诈财务报表的显著性，获得了24指标和10指标两个模型，并指出10

指标模型在分类效果上表现更好。其中，他们使用的数据挖掘技术包括 SVM、Naive Bayes、LWL、C4.5 和逻辑回归。

11.3　数据挖掘中四种常用的集成算法介绍

集成算法从本质上来说就是将不同的弱分类器（弱回归机）通过不同的方式集成为一个集成分类器（回归机）。从 20 世纪 90 年代起，许多研究者就着手于将多个弱分类器（回归机）集成在一起的算法研究（Breiman，1996c；Clemen，1989；Perrone，1993；Wolpert，1992）。集成算法在很多情况下表现都非常好，并且具有良好的统计特性（Richard，2004）。

11.3.1　Bagging

Bagging 的核心思想是将数据集中的数据进行多次抽样，用每次抽样出来的子数据集对单个弱分类器进行训练，最后对训练出的各个分类器的结果进行投票（或平均，加权平均等）以获得最终结果。具体来说，实现 Bagging 算法的伪代码如下：

输入：　数据集 $D = \{ (x_1, y_1), (x_2, y_2), \cdots, (x_m, y_m) \}$；

　　　　弱分类器 L；

　　　　迭代次数 T；

过程：　for $t = 1$ to T；

　　　　　$D_t = \text{sample } (D)$；//对原数据集的个体进行抽样

　　　　　$h_t = L (D_t)$；//根据每个子数据集训练出弱分类器

　　　　end；

输出：$H (x) = \text{Majority } (h_t (x))$；//投票

11.3.2　Random Subspace

Random Subspaces 的核心思想与 Bagging 相似，都是通过数据的抽样获得新的数据集，然后再用弱分类器针对子数据集进行训练，最后对训练出的各个分类器的结果进行投票（或平均，加权平均等）以获得最终结果。不同的是，Bagging 的抽样针对数据个体，而 Random Subspace 的抽样针对的是数据属性。

输入：　数据集 $D = \{(x_1, y_1), (x_2, y_2), \cdots, (x_m, y_m)\}$；

弱分类器 L；

迭代次数 T；

过程：　for $t = 1$ to T；

$D_t = \text{sample}(D)$；//对原数据集的数据属性进行抽样，获得子属性数据集

$h_t = L(D_t)$；//根据每个子数据集训练出弱分类器

end；

输出：$H(x) = \text{Majority}(h_t(x))$；//投票

11.3.3　Boosting

Boosting 的算法相比较 Bagging 和 Random Subspace 而言要复杂一些。它的基本思想是在最开始赋予数据集中每个数据相同的权重，并且在每一次迭代时根据结果误差不断改变数据的权重进行训练（分类错误的或者回归误差高的权重变大，分类正确或者回归误差小的权重变小）。最后根据每个训练出的弱分类器在训练时的表现，计算每个弱分类器的权重，最终结果是弱分类器的加权平均。Boosting 算法的伪代码如下：

输入：　数据集 $D = \{(x_1, y_1), (x_2, y_2), \cdots, (x_m, y_m)\}$；

弱分类器 L；

迭代次数 T；

过程：　$W(D_t = 1)(i) = 1/m$；//初始化数据权重

for $t = 1$ to T；

$h_t = L(D_t, W(D_t))$；//根据数据集及其权重训练出弱分类器

$e_t = \text{Probability}(y_i! = h_t(x_i))$；//求出分类误差

$w_t = \text{Weight}(e_t)$；//根据误差求出该迭代中的弱分类器的权重

$W(D_t) = \text{Weight}(e_t)$；//根据误差求出新的样本权重

end；

输出：$H(x) = \sum w_t * h_t(x)$；//求均值

168

11.3.4　Stacking

就常用的集成算法而言，Stacking 与前文中提到的其他三种都不相同。前三种集成算法可以理解成对属性或者对样本的加权训练，而 Stacking 则更为复杂。与前者不同的是，Stacking 并不是使用单纯的一种弱分类器之后通过加权实现集成。Stacking 使用的弱分类器可以有多种，且同时分为第一层分类器（First – level Classifier）和第二层分类器（Second – level Classifier）。第一层分类器得到的结果形成全新的数据集，之后再使用第二层分类器对全新的数据集进行分类训练。其伪代码如下：

输入：　数据集 $D = \{(x_1, y_1), (x_2, y_2), \cdots, (x_m, y_m)\}$；

　　　　空集 $DN = \Phi$；

第一层分类器 $L_1, L_2, \cdots, L_T$；

　　　第二层分类器 L；

过程：　for $t = 1$ to T；

　　　$h_t = L_t(D)$；//训练每一个第一层弱分类器；

　　　end；

　　　for $i = 1$ to m；

　　　　for $t = 1$ to T；

　　　　$z_{it} = h_t(x_i)$；//使用之前训练出的第一层弱分类器分类并

　　　　　　　　　　　　//得到结果

　　　　end；

　　　$DN = DN \cup \{((z_{i1}, z_{i2}, \cdots, z_{iT}), y_i)\}$；//用第一层弱分类

　　　　　　　　　　　　　　　　　　　器的分类

　　　　　　　　　　　　　　　　　　//结果生成新的数
　　　　　　　　　　　　　　　　　　据集

　　　end；

　　　$h' = L(DN)$；//使用第二层分类器对新数据集进行训练

输出：$H(x) = h'(h_1(x), h_2(x), \cdots, h_T(x))$。

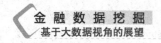

11.4 四种集成算法对财务报表欺诈进行监测的比较实验设计与结果分析

11.4.1 实验设计

本章的数据来源于美国 SEC 公布的上市公司的 10k 财务报表。其中，AAER（Accounting and Auditing Enforcement Releases）给出了一个列表，提供了关于公司欺诈的审判结果。因此，通过阅读公司欺诈的审判结果，可以获得一个由 24 个被判财务欺诈公司组成的列表。最后，在 SEC 的数据库中搜索出其中 16 个欺诈财务报表，并与另外 16 个不在列表中的公司的财务报表（被看成是非欺诈财务报表）组成本章的财务报表数据集合。在具体的财务指标选择方面，本章按照 P. Ravisankar 等（2011）的研究中提出的 35 个财务指标从获取的数据中进行搜索，并最终获得了一个由 18 个财务指标组成的数据集。这 18 个指标如表 11.1 所示。

表 11.1　财务数据指标

序号	财务指标	序号	财务指标
1	Total Assets	10	Current Assets/Current Liabilities
2	Gross Profit	11	Cash/Total Assets
3	Net Profit	12	Inventory/Current Liabilities
4	Cash And Deposits	13	Long Term Debt/Total Assets
5	Accounts Receivable	14	Net Profit/Gross Profit
6	Inventory/Total Assets	15	Deposits And Cash/Current Assets
7	Gross Profit/Total Assets	16	Accounts Receivable/Total Assets
8	Net Profit/Total Assets	17	Account Receivable /Accounts Receivable Of Last Year
9	Current Assets/Total Assets	18	Total Assets/Total Assets Of Last Year

本章旨在通过不同集成算法对于财务报表欺诈与否的分类效果进行对比，进一步探究集成算法对于财务报表欺诈检测效果的提升作用。因此，本章将选用若干在前人文献中所使用的弱分类算法，包括支持向量机、决策树、人造神经网络和逻辑回归作为集成算法的基算法。采用的算法集成方式包括 Bagging、

Boosting、Random Subspace 和 Stacking。本章对每一个弱分类器都采用 Bag-ging、Boosting 和 Random Subspace 分别进行集成。其中，根据 Witten, I. H. 等 (2005) 所述，简单的回归算法作为 Stacking 的第二层算法比较好，本研究选用逻辑回归作为 Stacking 的第二层算法。而 Stacking 的第一层算法为上文所提到的弱分类器。

　　本章中，用以完成实验使用的软件是 WEKA （Waikato Environment for Knowledge Analysis） 3.6.6。该软件是由 University of Waikato 所开发的。WE-KA 是一个基于 JAVA 的开源软件，其中集成了各类数据挖掘当中的回归、分类、聚类工具。为了完成前文提到的实验，本章节使用了 WEKA 中的 SMO 模块（WEKA 实现支持向量机采用的一种算法）、J48 模块（WEKA 版本 C4.5 的名字，决策树的一种算法）、Logistic 模块（逻辑回归）和 MultilayerPerceptron 模块（WEKA 版本的神经网络算法）。集成算法则分别采用 WEKA 中的 Bag-ging、Adaboost1、Random Subspace 和 Stacking 模块。由于该研究的目的不在于基础算法（弱分类器）的优化而在于探究集成算法对基础算法表现的影响，且参照 G. Wang 等 （2011） 所做的集成算法比较实验，所以本章实验在各个算法的参数的选定上均使用默认参数。同时，在算法准确性验证方面，本章实验采用 5 折交叉验证方式，每个算法都重复进行了 10 次实验，以获得具有统计意义的结果。在算法表现的评估标准方面，本章依照 G. Wang 等 （2011） 的实验，采用三个评价标准，分别是准确率、第一类错误率和第二类错误率。这些评价标准的计算方式如下：

$$准确率 = \frac{TP + TN}{TP + FP + FN + TN}$$

$$第一类错误 = \frac{FN}{TP + FN}$$

$$第二类错误 = \frac{FP}{FP + TN}$$

其中的变量如下面的混淆矩阵，如表 11.2 所示。

表 11.2　混淆矩阵

测试结果	实际情况	
	欺诈	不欺诈
欺诈	TP	FN
不欺诈	FP	TN

11.4.2　实验结果与分析

实验结果与分析见表 11.3～表 11.6。

表 11.3　逻辑回归及其集成表现

		Average Accuracy（%）	Type I error	Type II error
LRA	Mean	65.71	0.26	0.43
	SD	18.82	0.24	0.3
Bagging（LRA）	Mean	63.19	0.29	0.45
	SD	18.1	0.26	0.31
Boosting（LRA）	Mean	65.71	0.26	0.43
	SD	18.82	0.24	0.3
Random Subspace（LRA）	Mean	63.62	0.33	0.39
	SD	14.53	0.26	0.3
Stacking	Mean	55.52*	0.42*	0.47
	SD	17.33	0.29	0.27

注：* 表示集成算法在表现上与原算法的差别是显著的，采用 Paired t 检验，$p = 0.05$。

表 11.4　神经网络及其集成表现

		Average Accuracy（%）	Type I error	Type II error
NN	Mean	58.38	0.5	0.34
	SD	15.82	0.27	0.3
Bagging（NN）	Mean	58.67	0.5	0.34
	SD	16.3	0.29	0.32
Boosting（NN）	Mean	58.38	0.5	0.34
	SD	15.82	0.27	0.3
Random Subspace（NN）	Mean	59.43	0.49	0.32
	SD	18.93	0.25	0.3

		Average Accuracy（%）	Type I error	Type II error
Stacking	Mean	55.52	0.42	0.47*
	SD	17.33	0.29	0.27

注：*表示集成算法在表现上与原算法的差别是显著的，采用 Paired t 检验，$p = 0.05$。

表 11.5　支持向量机及其集成表现

		Average Accuracy（%）	Type I error	Type II error
SVM	Mean	64.52	0.29	0.42
	SD	16.94	0.24	0.27
Bagging（SVM）	Mean	61.1*	0.31	0.46*
	SD	15.09	0.26	0.29
Boosting（SVM）	Mean	65.52	0.29	0.42
	SD	16.94	0.24	0.27
Random Subspace（SVM）	Mean	58.86*	0.18*	0.63*
	SD	12.31	0.19	0.27
Stacking	Mean	55.52*	0.42	0.47
	SD	17.33	0.29	0.27

注：*表示集成算法在表现上与原算法的差别是显著的，采用 Paired t 检验，$p = 0.05$。

表 11.6　决策树及其集成表现

		Average Accuracy（%）	Type I error	Type II error
DT	Mean	55.67	0.43	0.46
	SD	17.28	0.26	0.35
Bagging（DT）	Mean	56.05	0.46	0.43
	SD	16.29	0.25	0.33
Boosting（DT）	Mean	54.43	0.38	0.53*
	SD	17.64	0.25	0.33
Random Subspace（DT）	Mean	54.86	0.44	0.46
	SD	16	0.25	0.32
Stacking	Mean	55.52	0.42	0.47
	SD	17.33	0.29	0.27

注：*表示集成算法在表现上与原算法的差别是显著的，采用 Paired t 检验，$p = 0.05$。

从表 11.3～表 11.6 我们可以发现，在平均准确度这项标准上：对于支持向量机来说，集成算法的引入并没有给财务报表欺诈检测带来提升，相反，采用集成算法使得支持向量机的表现都变差了；其他算法由于引入集成算法而产生的表现改变都是不显著的。在第一类错误率上，Random Subspace 使得支持向量机的第一类错误率显著降低。在第二类错误率上，Bagging 和 Random Subspace 使得支持向量机的表现显著变差；Boosting 使得决策树的表现显著变差。

此外，由于 Stacking 用到了各个弱分类器，所以严格上来说它不算任何算法的直接集成。我们通过表 11.3～表 11.6 可以发现，Stacking 带来的表现不好，它比其弱分类器支持向量机和逻辑回归的表现在平均准确度这个标准上要差，而且是显著的。在第一类错误率和第二类错误率这两个指标上，也要比逻辑回归和神经网络的错误率显著要高。

就各个弱分类器自身的表现比较来说，逻辑回归在平均准确率和第一类错误率这两个评价标准上表现最好，支持向量机次之，决策树和神经网络的表现最差。其中，逻辑回归和支持向量机的表现要比决策树和神经网络的表现明显要好（采用 Paired t 检验，$p = 0.05$）。在第二类错误率上，神经网络的表现最好，错误率要比逻辑回归和支持向量机明显要低（采用 Paired t 检验，$p = 0.05$）。另外需要指出的是，除了神经网络之外，其他算法的第二类错误率均比第一类错误率要高，实践者可根据第一类错误率和第二类错误率表现上的区别，在以后使用算法的时候依据实际需要选择合适的算法。

总体来说，集成算法在此次实验当中表现不好，集成算法的引入并不像 G. Wang（2011）等其他人做的实验一样使得弱分类器的表现获得提升。相反，在本章的实验当中，集成算法的引入还会导致分类效果变差，造成这种实验结果的原因可能是实验数据的局限性。

首先，来源于实验数据太少，相比于 P. Ravisankar 等（2011）和 Sean L. Humpherys 等（2011）采用 101 个欺诈公司和 101 个非欺诈公司的财务报表组成的数据来说，本章 16 个欺诈公司和 17 个非欺诈公司的财务报表组成的数据集的数据量太小，因此数据挖掘算法的训练也不够充分，研究结果的说服力不足。尤其是对 Bagging 和 Boosting 这类在数据集上做文章的集成算法来说，过于小的数据量并不能体现它们的优势。

其次，P. Ravisankar 等（2011）和 Sean L. Humpherys 等（2011）采用的是均衡数据，即，欺诈财务报表和非欺诈财务报表的实验数据是成对出现的，每一个欺诈财务报表都有一个同一产业且规模相同的非欺诈财务报表作为对比，而本章采用的数据仅仅是随意选取了 17 个非欺诈财务报表且非一一对应选取。但是，本章所采用财务报表欺诈数据的方式有可能增加训练出的模型的一般化能力。

11.5　本章小结

实验结果指出，集成算法的引用并不能使财务报表欺诈的检测效果得到显著提升，相反，在某些情况下反而会使分类表现显著下降，这与 Kotsiantis 等（2006）的实验结论是相违背的，也与 G. Wang 等（2011）集成算法在信用评价领域使得弱分类器的表现提升的结论不一致。导致这样的实验结论原因可能有两个：一是集成算法确实在财务报表欺诈检测方面表现不好；二是本实验采用的数据在数量和质量上不够，导致实验效果变差。要回答这个问题，可以通过获取量更大、质量更好的实验数据做进一步研究。最后，财务报表欺诈研究的相关数据收集困难也是造成在财务报表欺诈检测方面研究较少的主要原因之一。

参考文献

［1］ Introduction of ENRON event. Available from：http：//baike. baidu. com/view/159250. htm.

［2］ Introduction of SOC. Available from：http：//baike. baidu. com/view/452573. htm.

［3］ P. Ravisankar et al. Detection of financial statement fraud and feature selection using data mining techniques ［J］. Decision Support Systems，2011（50）：491－500.

［4］ Carol A. Knapp et al. The effects of experience and explicit fraud risk assessment in detecting fraud with analytical procedures ［J］. Accounting，Organizations and Society，2001（26）：25－37.

［5］ Sean L. Humpherys et al. Identification of fraudulent financial statements using linguistic credibility analysis ［J］. Decision Support Systems，2011（50）：585－594.

［6］ E. W. T. Ngai et al. The application of data mining techniques in financial fraud detection：A classification framework and an academic review of literature ［J］. Decision Support Systems，

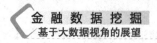

2011 (50): 559 – 569.

[7] S. A. McCornack. Information manipulation theory [J]. Communication Monographs, 1992, 59 (1).

[8] L. N. Driscoll. A validity assessment of written statements from suspects in criminal investigations using the scan technique [J]. Police Studies: The International Review of Police Development, 1994, 17 (4).

[9] Kirkos, Y. Manolpoulos. Data Mining in Finance and Accounting: A review of Current Research Trends [J]. Paper presented at the Internation Conference on Enterprise Systems and Accounting, 2004.

[10] K. A. Kaminski, T. S. Wetzel, L. Guan, Can financial ratios detect fraudulent financial reporting? [J]. Managerial Auditing Journal, 2004, 19 (1).

[11] Fletcher H. Glancy, Surya B. Yadav. A computational model for financial reporting fraud detection [J]. Decision Support Systems, 2011 (50): 595 – 601.

[12] N. T. Churyk, C. C. Lee, D. B. Clinton. Early Detection of Fraud: Evidence from Restatements [J]. in: V. Arnold (Ed.), Advances is Accounting Behavioral Research, JAI Press, Bingley, UK, 2009 (12).

[13] J. E. Sohl. A. R. Venkatachalam, A neural network approach to forecasting model selection [J]. Information & Management, 1995, 29 (6): 297 – 303.

[14] Belinna Bai, Jerome Yen, Xiaoguang Yang. False financial statements: characteristics of china's listed companies and cart detecting approach [J]. International Journal of Information Technology & Decision Making, 2008, 7 (2): 339 – 359.

[15] K. M. Fanning, K. O. Cogger. Neural network detection of management fraud using published financial data [J]. Int. J. Intel. Syst. Accounting, Finance & Management, 1998, 7 (1): 21 – 41.

[16] P. – F. Pai et al. A support vector machine – based model for detecting top management fraud [J]. Knowledge – Based Systems, 2011 (24): 314 – 321.

[17] E. Kirkos et al Data Mining techniques for the detection of fraudulent financial statements [J]. Expert Systems with Applications, 2007 (32): 995 – 1003.

[18] Kotsiantis, E. Koumanakos, D. Tzelepis, V. Tampakas. Forecasting fraudulent financial statements using data mining [J]. International Journal of Computational Intelligence, 2006, 3 (2): 104 – 110.

[19] U. S. Securities and Exchange Commission [J]. Form 10k, Available from: http: //www.

sec. gov/answers/form10k. htm.

[20] U. S. Securities and Exchange Commission, Accounting and Auditing Enforcement Releases [J]. Available from: http://www. sec. gov/ divisions/enforce/friactions. shtml.

[21] Witten, I. H. , & Frank, E. Data mining: Practical machine learning tools and techniques [J]. Boston: Morgan Kaufmann Publishers, 2005.

[22] Official WEKA website [J]. Available from: http://www. cs. waikato. ac. nz/ml/weka/.

[23] G. Wang et al. A comparative assessment of ensemble learning for credit scoring [J]. Expert Systems with Applications, 2011 (38): 223 – 230.

[24] Breiman, L. Stacked regressions [J]. Machine Learning, 1996, 24 (1): 49 – 64.

[25] Clemen, R. Combining forecasts: A review and annotated bibliography [J]. Journal of Forecasting, 1989 (5): 559 – 583.

[26] Perrone, M. Improving Regression Estimation: Averaging Methods for Variance Reduction with Extension to General Convex Measure Optimization [J]. Ph. D. thesis, Brown University, Providence, RI, 1993.

[27] Wolpert, D. Stacked generalization [J]. Neural Networks, 1992 (5): 241 – 259.

[28] Richard A. Berk, An Introduction to Ensemble Methods for Data Analysis [J]. Sociological methods & research, 2006 (34): 263 – 295.

第 12 章　基于时间序列模型的
原油期货价格预测

本章介绍了一个基于时间序列的预测模型，用于原油期货价格的分析和预测。主要目的是，通过此实例详细介绍时间序列的模型原理，并应用于实际建模过程。

12.1　引　言

如今石油不单是日常行为生活的必备能源，其利用价值已经遍布各大重要领域，尤其关系到国民经济发展、国家政治军事和外交安全。近年来，由于中国经济的高速发展，石油消费也随之剧增，到目前为止，中国已经是世界石油消费和进口大国。所以，石油价格的上涨使我国的外汇资源迅速消耗，过高的油价还会减缓我国的经济增长、加剧通货膨胀，同时也会使企业成本增加而降低国际竞争力。由此可见，准确预测石油期货价格的走势对政府宏观政策取向和相关企业经营决策都具有非常重要的意义。

为了更好地对原油期货价格进行预测，选择合适的模型就显得十分重要。ARIMA 模型是分析时间序列数据的一种重要方法，在过去，此模型也因为它的准确性和数学稳健性以及良好的解释性而被广泛使用。所以本章基于时间序列计量方法，对原油期货价格预测的研究采用 ARIMA 模型。

12.2　基本原理

如果一个平稳序列 $\{y_t\}$ 不仅与其过去时刻的自身值有关，还与其过去时刻的扰动项存在一定的依存关系，那么这个序列 $\{y_t\}$ 就可以建立 p 阶自回归

和 q 阶移动平均模型 ARMA (p, q)，即

$$y_t = \phi_1 y_{t-1} + \phi_2 y_{t-2} + \cdots + \phi_p y_{t-p} + \varepsilon_t + \theta_1 \varepsilon_{t-1} + \theta_2 \varepsilon_{t-2} + \cdots + \theta_q \varepsilon_{t-q}$$

其中 ε_t，ε_{t-1}，$\cdots$，ε_{t-q} 是 $\{y_t\}$ 在 t 期，$t-1$ 期，直至 $t-q$ 期的随机误差项，应为相互独立的白噪声序列。根据 ARMA (p, q) 模型的假设可以看出，此模型只适用于处理平稳时间序列的预测，对于非平稳时间序列，不能直接用 AR-MA (p, q) 模型描述。那么，对于含有一定变化趋势的非平稳时间序列，通常对其进行 d 阶差分，之后再应用 ARMA (p, q) 对其建模，即建立 ARIMA (p, d, q) 模型，d 是非平稳时间序列转换为平稳时间序列时对其进行差分的阶数（罗伯特·S. 平狄克，2006）。

ARIMA (p, d, q) 模型的具体建模步骤如下。

12.2.1　时间序列的平稳性检验

通过时间序列的散点图或折线图对序列进行平稳性初步判断。一般采用 ADF 单位根检验精确判断序列的平稳性。如果时间序列非平稳，分两种情况考虑：如果存在异方差，则通常先对序列进行对数转换；如果时间序列存在一定变化趋势，则通常需要对序列进行差分处理，使之转化成为平稳时间序列，此时差分的次数便是 ARIMA (p, d, q) 模型的阶数 d。

12.2.2　ARIMA 模型阶数 p 与 q 的确定

首先，根据平稳时间序列的自相关图和偏自相关图可初步确定 ARIMA 模型阶数 p 与 q。如果平稳时间序列的自相关值（AC）或偏自相关值（PAC）在 ± 2 倍估计标准差以内，则其在显著水平为 5% 的情形下与零无显著差异。若序列的滞后 k 期偏自相关函数 $\{\varphi kk\}$ 在 $k > m$ 时等于零（显著水平为 5% 的情形下与零无显著差异），则可近似判断 $\{\varphi kk\}$ 是 m 阶截尾；若序列的滞后 k 期自相关函数 $\{\rho k\}$ 在 $k > n$ 时等于零（显著水平为 5% 的情形下与零无显著差异），则可近似判断 $\{\rho k\}$ 是 n 阶截尾。此时，通过偏自相关图中与 m 相邻几期的偏自相关函数可初步确定 p 的可能取值；同理，利用自相关图中与 n 相邻几期的自相关函数初步确定 q 的可能取值。之后，为了更精确地选定 p 和 q 的取值，我们可以借助 AIC 准则来进一步计算，AIC 准则在 1973 年由 AKaike 提出，该准则既考虑模型对数据的拟合程度，也考虑模型中待定参数的个数。

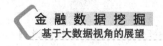

AIC 函数定义如下：

$$\text{AIC}\ (p,\ q)\ =n\ln \dot{\sigma}_\varepsilon\ (p,\ q)\ +2\ (p+q)$$

其中，$\dot{\sigma}_\varepsilon\ (p,\ q)$ 是阶数 $(p,\ q)$ 的函数。对于固定的 n，当 $(p,\ q)$ 增加时，$\dot{\sigma}_\varepsilon\ (p,\ q)$ 减小，$\ln \dot{\sigma}_\varepsilon\ (p,\ q)$ 关于 $(p,\ q)$ 单调递减，所以 AIC 准则定阶方法可写为：

$$\text{AIC}\ (p,\ q)\ =\min_{k,l}\text{AIC}\ (k,\ l)\quad 0\leqslant k\leqslant M,\ 0\leqslant l\leqslant M$$

由于 Shibata（1976）断言 AIC 准则趋向于高估自回归的阶数，随后，Akaike 给出了极小 AIC 方法的 Bayesian 推广，进而衍生出 BIC 准则：

$$\text{BIC}\ (p,\ q)\ =n\ln \dot{\sigma}_\varepsilon^2-\ (n-M)\ \ln\left(1-\frac{M}{n}\right)+M\ln n+M\ln\left[\frac{\dfrac{\dot{\sigma}_p^2}{\dot{\sigma}_\varepsilon^2}-1}{M}\right]$$

其中，M，N 为 $\sqrt{n}$ 或 $\frac{n}{10}$，n 为样本中所含的数据项数，$\dot{\sigma}_p^2$ 是序列的样本方差。将自相关或偏自相关图和 AIC 或 BIC 准则结合起来可确定 ARIMA $(p,\ d,\ q)$ 模型的阶数 p 与 q。同时在初始估计中应选择尽可能小的参数设定。

12.2.3　ARIMA 模型参数估计与诊断检验

参数估计主要利用统计技术——极大似然法（ML）、条件最小二乘法（CLS）、无条件最下二乘法（ULS）等统计方法——估计模型中自回归部分以及滑动平均部分的参数。诊断检验主要是检验模型对原时间序列的拟合效果，检验模型对信息的提取是否充分，即检验残差序列是否为白噪声序列。对残差序列进行单位根检验可判断其是否为白噪声序列。如果通过检验，则可进行预测，否则，须重新进行模型参数估计。

12.2.4　ARIMA 模型预测

根据模型参数诊断检验结果，可确定最终预测模型，即可对原时间序列进行预测。计量经济的"预测"，既包括对已知信息（如，去值与当前值）的估计，即事后预测，也包括对未知信息（如，未来值）的估计，即事前预测。

12.3　实证分析

由图 12.1 可以看出，原油期货价格序列在 2005～2008 年及 2008～2011 年存在显著增长趋势，且随时间推移不断扩大，这表明该序列均值非平稳。同时，根据图 12.2 可以看出，原价格序列的 ACF 值呈明显的线性衰减，这表示此价格序列是均值非平稳序列，与我们由原油期货价格序列的散点图所推断的结论一致。那么，根据 ARIMA 建模原理可知，需要对此价格序列进行差分变换。

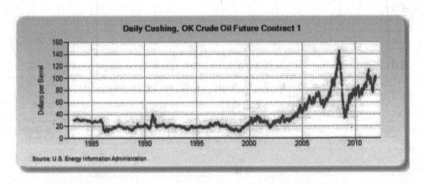

图 12.1　原油价格趋势

首先，对原价格序列 $\{p_t\}$ 进行一阶差分，记为 $\{\nabla p_t\}$，此时 ARIMA 中的 $d=1$（见图 12.3）。我们可以由图 12.3 看出一阶差分后的序列的自相关函数倾向于一阶截尾，则此时的数据序列可以看成是均值平稳的。

进一步，我们利用 BIC 准则来确定 ARIMA 模型的阶数。对一阶差分后的序列 $\{\nabla p_t\}$ 进行 BIC 定阶过程，通过表 12.4，我们可以看出，最小化 BIC 函数值所得结果为：$p=1$，$q=1$；结合前面的一阶差分过程，则 WTI 原油期货价格建立的 ARIMA 模型为：ARIMA（1，1，1）。

由上述分析，我们已经知道原油期货的价格基本符合 ARIMA（1，1，1）对应模型结构：$(1-\phi B)(1-B)p_t = (1-\theta B)\varepsilon_t$，对模型参数进行最小二乘估计，得到 $\hat{\phi}=0.85215$，$\hat{\theta}=0.75301$。即对原油期货价格进行建模后得到模型：

$$p_t = 1.85215p_{t-1} + 0.85215p_{t-2} + \varepsilon_t - 0.75301\varepsilon_{t-1} \tag{12.1}$$

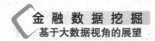
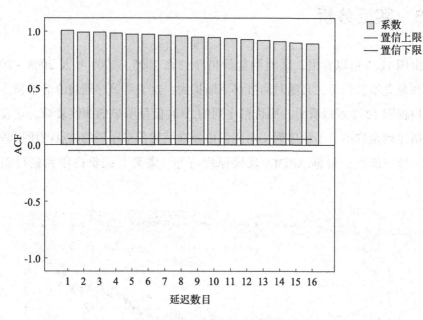

图 12.2　价格序列

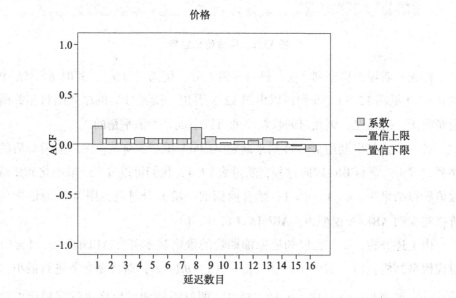

图 12.3　价格一阶差分序列

Mininun Information Criterion

Lags	MA0	MA1	MA2	MA3	MA4	MA5	MA6	MA7	MA8
AR 0	1.147203	1.127812	1.131488	1.13533	1.138448	1.142437	1.146433	1.150808	1.128844
AR 1	1.120188	1.119888	1.121703	1.126481	1.180885	1.135789	1.140634	1.145427	1.1279
AR 2	1.124521	1.122328	1.126426	1.13132	1.195758	1.140659	1.145513	1.150321	1.132635
AR 3	1.127887	1.126211	1.131067	1.134004	1.138728	1.14364	1.148504	1.153392	1.137025
AR 4	1.130214	1.130253	1.135118	1.1989	1.142546	1.14661	1.151484	1.156374	1.141361
AR 5	1.134067	1.135016	1.139902	1.143666	1.147132	1.150205	1.154208	1.1591	1.144204
AR 6	1.138273	1.133734	1.144642	1.148488	1.151925	1.154241	1.159116	1.163999	1.14908
AR 7	1.141703	1.143798	1.148701	1.152806	1.156512	1.158715	1.163498	1.163853	1.15306

Error series nodel:AR(8)
Mininun Table Yalue:BIC(1,1)=1.119639

图 12.4　实验结果

由式（12.1）可以看出，t 时刻的原油期货价格与 $t-1$ 时刻、$t-2$ 时刻原油期货价格的关系，进一步可以看出时间间隔越长，对后面价格的影响就越小，这与现实中的经验是一致的。进一步来说，本章建立的模型所得结论为，在原油期货市场中，滞后三个时间间隔的两个期货价格之间已经不存在影响关系了，并且前一时期的随机冲击在后一时间有反向作用。

12.4　本章小结

本小节采用原油期货价格这一实例，给出了 ARIMA 预测模型的一般步骤。第一，对已知时间序列进行平稳性检验，对非平稳的时间序列进行各类函数变换（如本章中的一阶差分方法）使之平稳；第二，计算自相关系数、偏自相关系数，通过图形识别或各类定阶函数来确定模型参数；第三，在确定模型基础上，对模型进行参数估计，得到最终结果；第四，将模型结论与实际经验进行比较，以进行合理性分析。

主要的研究结果表明，在原油期货市场中，滞后三个时间间隔的两个期货价格之间不再存在影响关系，并且前一时期的随机冲击在后一时间有反向作用，即市场反弹。

世界原油需求未来会继续增长，到 2012 年需求增长到每天 8800 万桶。世界原油需求的增长与工业化和城市化国家的经济迅速增长、世界原油库存的持续增加是相一致的。2008～2012 年世界原油需求的平均增长率为 0.5%，低于70 年以来的平均增长。原油需求的低增长反映了世界能源市场结构未来会持

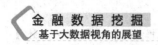

续变化，而且随着世界石油需求增长的减缓，预期未来的高油价会下降。

参考文献

［1］ Aimei Lin. Prediction of International Crude Oil Futures Price Based on GM（1, 1）［J］. IEEE International Conference on Grey Systems and Intelligent Services, November 10 – 12, 2009.

［2］ Lean Yu, Shouyang Wang, Kin Keung Lai. Forecasting crude oil price with an EMD – based neural network ensemble learning paradigm［J］. Energy Economics, 2008（30）: 2623 – 2635.

［3］ Ping – Feng Pai, Chih – Sheng Lin. A hybrid ARIMA and support vector machines model in stock price forecasting［J］. Omega, 2005（30）: 497 – 505.

［4］ Hongtao Chen, Dequn Zhou. Multifractal Spectrum Analysis of Crude Oil Futures Prices Volatility in NYMEX［J］. IEEE, 2010.

［5］ Erich Fuchs, Christian Gruber, Tobias Reitmaier, Bernhard Sick. Processing short – term and long – term information with a combination of polynomial approximation techniques and time – delay neural networks. Journal of latex class files, 2008 – 12, 1（11）.

［6］ Hassan Mohammadi, Lixian Su. International evidence on crude oil price dynamics: Applications of ARIMA – GARCH models［J］. Energy Economics, 2010（32）: 1001 – 1008.

［7］ Michael Ye, John Zyren, Joanne Shore. A monthly crude oil spot price forecasting model using relative inventories［J］. International Journal of Forecasting, 2005（21）: 491 – 501.

［8］ Wu Qunli, Hao Ge, Cheng Xiaodong. Crude Oil Price Forecasting with an Improved Model Based on Wavelet Transform and RBF Neural Network［J］. Information Technology and Applications, 2009.

［9］ Salah Abosedra, Hamid Baghestani. On the predictive accuracy of crude oil futures prices ［J］. Energy Policy, 2004 – 8, 32（12）.

［10］ Xun Zhang, Lean Yu, Shouyang Wang, Kin Keung Lai. Estimating the impact of extreme events on crude oil price: An EMD – based event analysis method［J］. Energy Economics, 2009 – 9, 31（5）.

［11］ Yudong Wang, Chongfeng Wu, Yu Wei. Can GARCH – class models capture long memory in WTI crude oil markets［J］. Economic Modelling, 2011 – 5, 28（3）.

［12］ Huntington, H. G.. OECD Oil Demand: Estimated Response Surfaces for Nine World Oil Models［J］. Energy Economics, 1993（15）: 49 – 56.

［13］ Krichene, N., World Crude Oil and Natural Gas: a Demand and Supply Model［J］.

Energy Economics, 2002 (24): 557 – 576.

[14] Kreil, E.. World Oil Demand: Outlook for 2006 and 2007 [C]. 2006 EIA Energy Outlook and Modeling Conference, Global Oil Market Outlook: Short – Term Issues. Available website at: http://www. eia. doe. gov/oiaf/aeo/conf/pdf/kreil. pdf. , 2006.

[15] Mcrae, R. N.. Primary Energy Demand in Canada [J]. Energy Economics, 1979 (1): 203 – 210.

[16] Mackay, R. M., Probert, S. D.. Crude Oil and Natural Gas Supplies and Demands for Danmark [J]. Applied Energy, 1995 (50): 209 – 232.

[17] Rao, R. D., Parikh, J. K.. Forecast and Analysis of Demand for Petroleum Products in India [J]. Energy Policy, 1996, 24 (6): 583 – 592.

[18] Chavez, S. G., Bernat, J. X.. Coalla, H. L., Forecasting of Energy Production and Consumption in Asturias (Northern Spain) [J]. Energy, 1999 (24): 183 – 198.

[19] Canyurt, O. E., Ceylan, H., Ozturk, H. K.. Energy Demand Estimation based on Two – different Genetic Algorithm Approaches [J]. Energy Sources, 2004 (26): 1313 – 1320.

[20] Crompton, P., Wu, Y. R.. Energy Consumption in China: Past Trend and Future Direction [J]. Energy Economics, 2005 (27): 195 – 208.

[21] Mackay, R. M., Probert, S. D.. Crude Oil and Natural Gas Supplies and Demands Up to the Year AD 2010 for France [J]. Applied Energy, 1995 (50): 185 – 208.

[22] Mackay, R. M., Probert, S. D.. Forecasting the United Kingdom's Supplies and Demands for Fluid Fossil – fuels [J]. Applied Energy, 2001 (69): 161 – 189.

[23] Murat, Y. S., Ceylan, H.: Use of Artificial Neural Networks for Transport Energy Demand Modelling [J]. Energy Policy, 2006 (34): 3165 – 3172.

[24] Ediger, V. S., Akar, S.. ARIMA Forecasting of Primary Energy Demand by Fuel in Turkey [J]. Energy Policy, 2007 (35): 1701 – 1708.

[25] Adams, F. G., Shachmurove, Y.. Modelling and Forecasting Energy Consumption in China: Implications for Chinese Energy Demand and Imports in 2020 [J]. Energy Economics, 2008, 30 (3): 1263 – 1278.

[26] Cortes, C., Vapnik, V. N.. Support – vector Networks [J]. Machine Learning, 1995, 20 (3): 273 – 297.

[27] Burges, C. J. C.. A Tutorial on Support Vector Machines for Pattern Recognition [J]. Data Mining and Knowledge Discovery, 1998 (2): 121 – 167.

[28] Muller, K. R., Smola, A. J.. Ratsch, G., Scholkopf, B., Kohlmorgen, J., Vapnik,

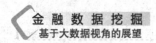

V. , Prediction Time Series with Support Vector Machines [C]. In: Gerstner, W. , Germond, A. , Hasler, M. and Nicoud, J. D. (Eds.), Proceedings of International Conference on Artificial Neural Networks, Lausanne, Switzerland. Lecture Notes in Computer Science, 1997, 1327: 999 - 1004.

[29] Schoelkopf, B. , Smola, A. , Williamson, R. . Shrinking the Tube: A New Support Vector Regression Algorithm [C]. In: Kearns, M. S. , Solla, S. A. and Cohn, D. A. (Eds.), Advances in Neural Information Processing Systems, Cambridge: MIT Press, 1999 (11): 330 - 336.

[30] Schoelkopf, B. , Smola, A. , Williamson, R. , Bartlett, P. . New Support Vector Algorithms [J]. Neural Computation, 2000 (12): 1083 - 1121.

[31] Isaacson, D. L. , Madsen, R. . Markov Chains: Theory and Applications [M]. New York: John Wiley, 1976.

[32] Norris, J. R. . Markov Chains [M]. New York: Cambridge University Press, 1997.

[33] Boser, B. E. , Guyon, I. M. , Vapnik, V. N. . A Training Algorithm for Optimal Margin Classifiers [C]. In: Haussler, D. (Eds.), Proceedings of the 5th Annual ACM Workshop on Computational Learning Theory, Pittsburgh: ACM Press, 1992: 144 - 152.

[34] Huang, M. , He, Y. , Cen, H. Y. . Predictive Analysis on Electric - power Supply and Demand in China [J]. Renewable Energy, 2007 (32): 1165 - 1174.

[35] Mahedy, J. P. Oil' s New Price/demand Equation [R]. Available website at: https:// www. bernstein. com/cmsobjectpc/pdfs/B37917oilsnewpricedemandequation_wp. pdf, 2006.

第五篇

基于金融大数据视角的展望

第 13 章　大数据的特点和产生背景

13.1　大数据的产生背景

21 世纪是数据信息的时代，社交网络、电子商务、移动互联大大拓展了互联网的应用领域，同时也产生了越来越多的数据。例如，谷歌公司通过大规模集群和 MapReduce 软件，每个月处理的数据量超过 400PB；百度每天大约要处理几十 PB 数据；Facebook 注册用户超过 10 亿，每月上传的照片超过 10 亿张，每天生成 300TB 以上的日志数据；淘宝网会员超过 3.7 亿，在线商品超过 8.8 亿，每天交易数千万笔，产生约 20TB 数据。据 IDC 公司统计，2011 年全球被创建和被复制的数据总量为 1.8ZB（1021），其中 75% 来自于个人（主要是图片、视频和音乐），远远超过人类有史以来所有印刷材料的数据总量（200PB）。传感网和物联网的蓬勃发展是大数据的又一推动力，各个城市的视频监控每时每刻都在采集巨量的流媒体数据。工业设备的监控也是大数据的重要来源。例如，劳斯莱斯公司对全世界数以万计的飞机引擎进行实时监控，每年传送 PB 量级的数据。

《纽约时报》2012 年 2 月的一篇专栏中称，"大数据"时代已经降临，在商业、经济及其他领域中，决策将日益基于数据和分析而作出，而并非基于经验和直觉。大数据时代对人类的数据驾驭能力提出了新的挑战，也为人们获得更为深刻、全面的洞察能力提供了前所未有的空间与潜力。哈佛大学社会学教授加里·金说："这是一场革命，庞大的数据资源使得各个领域开始了量化进程，无论学术界、商界还是政府，所有领域都将开始这种进程。"

"大数据"已经引起科技界和企业界的广泛关注，在政府层面也受到了重视。2012 年 3 月，美国政府宣布投资 2 亿美元启动"大数据研究和发展计划"，这是继 1993 年美国宣布"信息高速公路"计划后的又一次重大科技发展部署。美国政府认为大数据是"未来的新石油",决定将"大数据研究"上升为国家意志。一个国家拥有数据的规模和运用数据的能力将成为综合国力的重要组成部分,对数据的占有和控制也将成为国家间和企业间新的争夺焦点。数据是与自然资源、人力资源一样重要的战略资源,隐含着巨大的经济价值。如果有效地组织和使用大数据,将对经济发展产生巨大的推动作用,孕育出前所未有的机遇。

13.2 大数据的概念

"大数据"这个术语最早期的引用可追溯到 Apache org 的开源项目 Nutch。当时,大数据用来描述为更新网络搜索索引需要同时进行批量处理或分析的大量数据集。随着 Google MapReduce 和 Google File System（GFS）的发布,大数据不仅用来描述大量的数据,还涵盖了处理数据的速度。目前关于大数据还没有准确权威的定义。在 IDC 的报告中,他们对大数据进行了一个简单的描述:大数据是一个看起来似乎来路不明的、大的动态过程。但是实际上,大数据并不是一个新生事物,虽然它确确实实正在走向主流和引起广泛的注意。大数据并不是一个实体,而是一个横跨很多 IT 边界的动态活动。按照维基百科上的定义,所谓"大数据"（Big Data）,在当今的互联网业指的是这样一种现象:一个网络公司日常运营所生成和积累的用户网络行为数据"增长如此之快,以至于难以使用现有的数据库管理工具来驾驭,困难存在于数据的获取、存储、搜索、共享、分析和可视化等方面"。这些数据量是如此之大,已经不是以我们所熟知的多少 G 和多少 T 为单位来衡量,而是以 P（1000 个 T）、E（100 万个 T）或 Z（10 亿个 T）为计量单位,所以称之为大数据。

具体地说,量已经从 TB（1024GB = 1TB）级别跃升到 PB（1024TB = 1PB）、EB（1024PB = 1EB）乃至 ZB（1024EB = 1ZB）级别。国际数据公司（IDC）的研究结果表明,2008 年全球产生的数据量为 0.49ZB,2009 年的数据量为 0.8ZB,2010 年增长为 1.2ZB,2011 年的数量更是高达 1.82ZB,相当于全球每人产生 200GB 以上的数据。而截止到 2012 年,人类生产的所有印刷材料的数据量是 200PB,全人类历史上所有说过的话的数据量大约是 5EB。IBM 的研究称,整个人类文明所获得的全部数据中,有 90% 是过去两年内产生的。

而到了 2020 年，全世界所产生的数据规模将达到今天的 44 倍。所有的数据都表明，大数据时代，量的激增将是不可改变的事实。

《著云台》的分析师团队认为，大数据（Big Data）通常用来形容一个公司创造的大量非结构化和半结构化数据，这些数据在下载到关系型数据库用于分析时会花费过多的时间和金钱。大数据分析常和云计算联系到一起，因为实时的大型数据集分析需要像 MapReduce 一样的框架来向数十、数百甚至数千的电脑分配工作。也有人认为，大数据是指那些超过传统数据库系统处理能力的数据，它的数据规模和传输速度要求很高，或者其结构不适合原本的数据库系统。为了获取大数据中的价值，我们必须选择另一种方式来处理它。数据中隐藏着有价值的模式和信息，在以往需要相当的时间和成本才能提取这些信息。如，沃尔玛或谷歌这类领先企业都要付出高昂的代价才能从大数据中挖掘信息。而当今的各种资源，如硬件、云架构和开源软件使得大数据的处理更为方便和廉价。即使是在车库中创业的公司也可以用较低的价格租用云服务时间。对于企业组织来讲，大数据的价值体现在两个方面：分析使用和二次开发。对大数据进行分析能揭示隐藏其中的信息。例如，零售业中对门店销售、地理和社会信息的分析能提升对客户的理解。对大数据的二次开发则是那些成功的网络公司的长项。例如，Facebook 通过结合大量用户信息，定制出高度个性化的用户体验，并创造出一种新的广告模式。这种通过大数据创造出新产品和服务的商业行为并非巧合，谷歌、雅虎、亚马逊和 Facebook 都是大数据时代的创新者。

13.3 大数据的特点

关于什么是"大数据"，现在还没有一个统一的定义。维基百科上有人对大数据作了如下的描述：数据增长如此之快，以至于难以使用现有的数据库管理工具来驾驭，困难存在于数据的获取、存储、搜索、共享、分析和可视化等方面。任何一个企业，尤其是金融企业，每天将产生大量的、各种各样的数据，这些数据具有量大、类型复杂的特点，要求处理速度快。综上，大数据应具有如下四个特征：

（1）海量性：即数据的量要大。这种大已经不仅仅是前面数字的改变或者膨胀，而是后面单位的急剧变化。企业面临着数据量的大规模增长。例如，IDC 最近的报告预测称，到 2020 年，全球数据量将扩大 50 倍。目前，大数据的规模尚是一个不断变化的指标，单一数据集的规模范围从几十 TB 到数 PB 不等。简而言之，存储 1PB 数据将需要 2000 台配备 500GB 硬盘的个人电脑。此外，各种意想不到的来源都能产生数据。

（2）多样性：一个普遍观点认为，人们使用互联网搜索是形成数据多样性的主要原因，这一看法部分正确。然而，数据多样性的增加主要是由于新型多结构数据，包括网络日志、社交媒体、互联网搜索、手机通话记录及传感器网络等数据类型造成的。其中，部分传感器安装在火车、汽车和飞机上，每个传感器都增加了数据的多样性。

与以往数据的表达和结构相比，在大数据时代，数据存在的形式变得更加多样，以往存在于关系数据库中的结构化数据的量虽然还会继续增长，但是，新的半结构化、非结构化数据的产生将会以爆炸式增长。大量的数据是非结构化的办公文档、文本、图片、XML、HTML、各类报表、图片和音频/视频等，并且在企业的所有数据中这样的非结构化数据将成为主要的数据形式。企业 80% 的数据是非结构化或半结构化的，结构化数据仅有 20%。并且全球结构化数据增长速度约为 32%，而非结构化数据增速高达 63%。预计 2013 年非结构化数据占有比例将达到互联网整个数据量的 75% 以上。这种数据质的变化必然改变原有的对于数据的认识和管理。

大数据涉及的度发生了重大变化。随着数据收集手段的更加先进及存储手段的突破，数据产生的来源、影响的范围都将进一步向更广泛、更深入的区域延伸，越来越多的组织和个人被纳入大数据的范畴，社会各个方面的联系在不断增强，社会进化的步伐将变得越来越快。

（3）高速性：高速描述的是数据被创建和移动的速度。在高速网络时代，通过基于实现软件性能优化的高速电脑处理器和服务器，创建实时数据流已成为流行趋势。企业不仅需要了解如何快速创建数据，还必须知道如何快速处理、分析并返回用户，以满足他们的实时需求。根据 IMS Research 关于数据创建度的调查，到 2020 年全球预计将拥有 220 亿部互联网连接设备。

（4）易变性：大数据具有多层结构，这意味着大数据会呈现出多变的形式和类型。相较传统的业务数据，大数据存在不规则和模糊不清的特性，以致很难甚至无法使用传统的应用软件进行分析。传统业务数据随时间演变已拥有标准的格式，能够被标准的商务智能软件识别。目前，企业面临的挑战是处理并从各种形式呈现的复杂数据中挖掘价值。

大数据的价值密度低，也导致大数据挖掘需要新的、更快速的方法。大数据一般是 1PT 以上的数据。如果按照一般的机器配置，要存 1PT 的话需要上千台机器。在数据分析上，如果在上千台机器上设计挖掘算法，就非常不方便。如何把数据的潜在价值发挥出来，是一个挑战。

没有云计算架构就没有大数据，云计算是给大数据提供一个开放式的、分布式计算的技术支撑。

13.4   金融大数据

微博数据量迅猛增长，已经达到 PB 级。微博一般是以文本、图片、音频、视频形式存在的，具有典型的大数据特征。

事实上，华尔街的金融家们已经使用了各类大数据分析挖掘方法，不断找出互联网上的金融微博中的"数据财富"，例如，金融微博的股民情感信息，并先人一步利用广大股民在互联网上的信息，预判市场走势，而且取得了很大收益。

这些互联网文本数据包括：①金融机构可以根据微博中的民众情绪，来抛售股票；②对冲基金可以依据购物网站的顾客以自然语言形式存在的评论，分析企业产品销售状况；③银行根据收集挖掘求职网站上的岗位数量，推断就业率；④投资机构搜集并经过文本挖掘，分析上市企业声明，从中寻找破产的蛛丝马迹。通过这些大数据挖掘的手段，金融机构把"大数据"成功地转化成了"财富"。

IBM 估测，这些微博"大数据"值钱的地方主要是时间性。快速地掌握这些互联网信息，对于华尔街金融机构至关重要。几年前，华尔街 2% 的金融机构搜集和挖掘微博等平台的海量数据，目前已有一半金融机构使用了这种手段。

虽然目前大数据的研究与应用在金融业还处于初级阶段，但是价值已经显现出来。未来，大数据可能成为最大的金融交易商品。我们深信，未来金融大

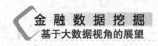

数据将会如基础设施一样,有金融数据提供方、金融监管者,金融大数据的交叉复用等,最终将成为金融业进行重要活动的基础设施。

参考文献

[1] 徐子霈. 大数据:正在到来的数据革命 [M]. 广西师范大学出版社, 2012.

[2] Anand Rajaraman, Jeffrey David Ullman, 王斌. 大数据-互联网大规模数据挖掘与分布式处理 [M]. 人民邮电出版社, 2012.

第14章 大数据技术

14.1 大数据处理技术框架

MapReduce 是一种针对处理大规模数据集而提出的程序设计模式（Programming Model），并首先由 Google 公司命名和实现。MapReduce 典型的用法是在集群计算机上进行分布式计算。Map 和 Reduce 分别代表了映射和简化的概念都来自函数式编程和矢量编程语言。

迄今 MapReduce 技术已有多个实现系统，除了 Google 的系统外，最著名的还包括 Hadoop 系统。这些系统可以管理多个大规模计算过程，并且能同时保证在软硬件上的容错性，故通常用户只需要编写 Map 和 Reduce 函数即可，至于 Map 和 Reduce 任务的并行执行以及任务之间的协调都交由系统处理。简而言之，基于 MapReduce 的计算过程框架应包含如下三个部分。

（1）Map 任务：假设存在多个 Map 任务，对于每一个 Map 任务，其输入是 DFS（Distributed File System，分布式文件系统）中的一个或多个文件块内的数据，其输出是基于这些数据产生的一系列键－值对（A Set of Key–value Pairs）。从输入数据到生成键－值对的具体方式则由用户的 Map 函数所决定。

（2）分组任务：对于由每一个 Map 任务所产生的一系列键－值对（Key–value Pair），主控进程（Master Controller）按照键的值（注意不是键－值对）进行排序，然后根据键的值分配键－值对到相应的 Reduce 任务中，具有相同键（key）的键－值对会被分配给同一个 Reduce 任务。

（3）Reduce 任务：对于每一个 Reduce 任务，每次作用于一个键，并将包含此键的所有键－值对的值（Value）以某种方式组合起来存入文件中。具体的组合方式取决于用户所编写的 Reduce 函数代码。

图 14.1 是 MapReduce 的计算过程框架示意图。

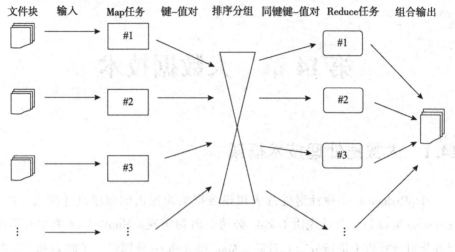

图 14.1　MapReduce 计算过程框架示意图

14.2　MapReduce 主要技术

（一）Map 任务

Map 任务的目标是将一个需要大量计算的问题（Problem）拆分成可以并行执行的子问题（Sub‑problems）。这一过程是通过将输入文件中的数据转化成一系列键‑值对来完成的。

首先，Map 任务的输入文件数据可以看作是由多个元素（Element）组成的，并且元素的类型可以是任意的，例如，整型、字符串和元组等。文档中的文档块（chunk，通常为 64MB）可以认为是一系列元素的集合，并且一个元素不允许跨文件块存储。

其次，Map 函数将输入文件中的每一个元素转换成键‑值对，且键和值都可以为任意类型。这里"键"的概念有别于传统数据库中的"主键"的概念，即并不要求它们具有唯一性。一个 Map 任务通常情况下可以生成多个具有相同键的键‑值对，如果两个键‑值对的键相同则说明它们是来自同一个元素。对于键‑值对当中的"值"，它通常就是用户想要计算的形式，当然这种计算可以是简单的数字运算也可以是字符串处理等。实际上，所有的 Map 以及

Reduce任务的输出都是键－值对的形式，之所以采用键－值对的形式，主要是希望数据在 Map 任务之后被拆分为不同的键－值对，这样一个计算问题可以被转化为多个可并行计算的子问题，并且在经过 Reduce 任务后，又可以方便地合成最终计算结果，这个情况我们会在后面的章节中看到。

最后，这里给出一个 MapReduce 计算的简单例子，即，计算每个英文单词在整个文档集中的词频（Term Frequency），也就是该词出现的次数。本例中，假设一个文档集 D 中的所有文档都被输入给多个 Map 任务，每一个单词被视作一个元素，并且 Map 函数使用的键类型是字符串，值类型是整数。这样，对于一个文件 $d_i = \{w_1, \cdots, w_n\}$，其对应的一系列键－值对是 $\{(w_1, 1), \cdots, (w_n, 1)\}$。这里需要注意的是，单个 Map 任务通常会处理多篇文档，而每篇文档可能又会分为一个或多个文件块。也就是说，其输出的键－值对不仅仅只来自于一篇文档。另外，如果一个单词 w 在文档集 D 中的出现次数为 m，那么输出的结果将会有 m 个键－值对 $(w_1, 1)$。

（二）分组

当获得全部键－值对并根据键的值排序以后（Map 任务之后），下一步就是将这些键－值对分配给多个 Reduce 任务。实际上，主控进程事先已经知道 Reduce（Map）任务（工作站）的数目，这是事先由用户给定的。这样均匀分配计算工作量到每一个 Reduce 任务成为需要，除此之外，还有一个必须坚持的原则是具有相同键的键－值对必须被分配给同一个 Reduce 任务。

传统的做法是主控进程通常选择一个哈希函数（Hash Function）来解决这一问题。这里简单地介绍一下哈希函数。首先，哈希函数 H 的输入是一个哈希键（Hash－key），其值可以为任意类型的数据，输出是一个桶编号（Bucket Number）。假设桶的个数为正整数 r，则桶编号通常在 $0 \sim r-1$。哈希函数的一个直观特性是将哈希键随机化，也就是说，如果哈希键随机地从某一个合理的哈希键值分布中抽样而来，那么函数 H 会将数目近似相等的哈希键分配到所有的桶中。例如，所有的哈希键都是正整数，如果 $H(x) = x \bmod r$，即 x 除以 r 之后的余数，那么所有输入的正整数都将会均匀地分配到 r 个桶内。

正是利用了这一特性，主控进程首先选择一个哈希函数 H，每一个键－值对的键被作为输入并产生一个 $0 \sim r-1$ 的桶编号，r 是 Reduce 任务的数量。然后，对于每一个 Map 任务，其所产生的所有的键－值对都将均匀地放入 r 个本地文件当中，每个文件内的键－值对都最终会被分派给一个 Reduce 任务。

当所有 Map 任务都结束后，主控进程将每个 Map 任务输出的面向某个特定 Reduce 任务的本地文件合并，并将合并文件以键－值表形式传递给相应的 Reduce 任务。即，对每一个键 k_i，处理其 Reduce 任务的输入为 $(k_i，[v_1，v_2，\cdots，v_n])$，它来自所有 Map 任务的具有键的值为 k 的键－值对 $(k_i，v_1)$，$(k_i，v_2)$，$\cdots$，$(k_i，v_n)$。

（三）Reduce 任务

与 Map 任务相比，对 Reduce 任务的理解相对简单。Reduce 函数仅将输入的键值表中具有相同键的值以某种方式组合起来，然后以键－值对序列的形式输出。在键－值对序列中，每个键－值对中的键 k_i 是 Reduce 任务接收到的一个输入键，而值是其接收到的与 k_i 关联的值的组合结果。还以计算词频的例子加以说明，这里 Reduce 函数仅仅是将所有具有相同键的键－值对的值相加，因此，Reduce 任务的输出为 $(w_i，m_i)$ 键－值对序列，其中 w_i 是所有输入文档中出现至少一次的词，而 m_i 是 w_i 在所有这些文档当中出现的次数。

值得注意的是，通常 Reduce 函数中的计算满足交换率和结合率，即，$v_1 \cdot v_2 = v_2 \cdot v_1$ 和 $(v_1 \cdot v_2) \cdot v_3 = v_2 \cdot (v_2 \cdot v_3)$（"·"代表某种运算）。如若不然，作为 Reduce 函数的输入数据，其输入顺序就变得至关重要，这样就会给 Map 和分组任务带来额外的负担。如果一个 Reduce 函数满足交换率和结合率时，就可以将 Reduce 任务中的部分工作放到 Map 任务中来完成。例如，在词频计算中，在分组任务之前，可以在 Map 任务当中使用 Reduce 函数，这样，原本在 Map 任务中所产生的键－值对 $(w_i，1)$，$(w_i，1)$，$\cdots$，$(w_i，1)$ 就可以直接替换为 $(w_i，m)$，m 为 w_i 在文档集中出现的次数。

（四）执行过程

图 14.2 展示了 MapReduce 程序的执行过程，并解释如下：

① 用户程序 fork 一个主控进程和几个工作进程在计算节点上；

② 主控进程会指定一定数量的 Map 和 Reduce 任务给工作进程；

③ Map 任务开始读入输入的文件块；

④ Map 任务将分组结束的键－值对写入相应的本地文件中；

⑤ Reduce 任务获得所有指定给它的 Map 任务的输出文档，合并为输入文件；

⑥ Reduce 任务将结果键–值对写入文件中并最终合并为一个文档。

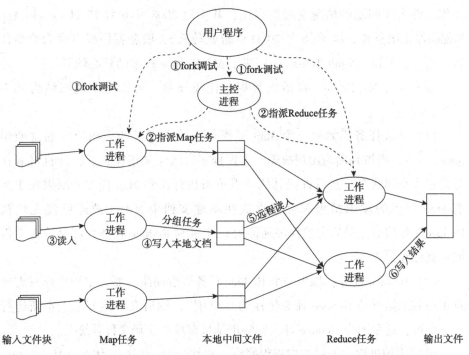

图 14.2　MapReduce 程序的执行过程

在整个执行过程当中，我们需要注意以下一些问题。第②步中，工作进程既可以接受 Map 任务也可以承担 Reduce 任务，但很少同时承担。Map 和 Reduce任务数量是由用户程序决定的。实际上，Map 和 Reduce 的任务数量不应过多，因为每一个 Map 任务都会为每一个 Reduce 任务创建一个本地文件用以存放键–值对，这样需要创建的文件个数就相当于 Map 和 Reduce 的任务数量的乘积，如果 Map 和 Reduce 的任务数量过多，会导致文件数量过于庞大，系统效率显著下降。第③步中，Map 任务通常会读入网络中距离它最近的输入文件，以此来减少数据传输负荷。第⑥步中，当所有 Reduce 任务完成后，它们的输出文档将被合并成一个文档，此文档是整个分布式文件系统的一部分。从第②步至第⑥步，主控进程监控着工作进程的状态（如闲置、工作、结束），一旦有工作进程任务结束，主控进程会给其安排新的任务。

（五）容错性

通常情况下，MapReduce 任务会在成千甚至是上万台的工作电脑上并行运行，再加上上百台其他工作设备（例如，交换机、路由器和电源等），这使得工作组件出现问题的情况会经常发生，其中以 2008 年 6 月 17 日 Google App Engine停止服务和 2008 年 6 月 20 日卓越亚马逊 S3 服务器停机事件为典型代表。这样，容错（Fault Tolerance）成了 MapReduce 技术的核心环节之一。

最基本的 MapReduce 容错机制相对比较简单，可以简单地归纳为如下三条：

（1）Map 任务：如果一个 Map 工作节点被发现长期无响应（通常使用 ping 命令），则被判断为出现故障。主控程序将已经和正在其上运行的 Map 任务设置为空闲状态，然后查找其他节点重新执行这些 Map 任务。原因在于所有 Map 任务的输出结果都会被存放在本地文档中，由于故障已经无法被 Reduce任务读取。最后主控程序还需要通知所有 Reduce 任务，部分输入文件的位置已经更改。

（2）Reduce 任务：如果一个 Reduce 任务节点崩溃，那么主控进程只需要将正在其上运行的 Reduce 任务标注为"空闲"，然后在其他节点上重新运行一下即可，这是因为 Reduce 任务的输出结果存放在全局文件系统上。

（3）主控进程：如果主控进程瘫痪，则整个 MapReduce 作业（MapReduce job）将会全部重新执行。

从上面的三条可以看出，主控进程节点崩溃，则损失最大，其次是 Map 任务节点，最后是 Reduce 任务。

14.3 基于 MapReduce 的算法实现

在大体了解 MapReduce 技术之后，本节将简单介绍一些基于 MapReduce 技术实现的算法。在介绍之前，首先应该注意到 MapReduce 技术是建立在分布式文件系统之上的，通常其数据集要大于1TB，而此类系统不适用于对大规模数据进行经常性的更新，从而决定了 MapReduce 编程模式不适宜相关算法的实现，例如，管理大量在线零售数据。同时，MapReduce 技术却适合在大数据集上执行某些分析型和关系型查询，例如，对数据库的选择查询、银行和零售业中常用的相似客户查询等。因此在这里将简单介绍使用 MapReduce 实现部分关系型数据库查询运算，又因为 Google 公司设计 MapReduce 技术的初衷是为了解决 PageRank 计算中矩阵 – 向量乘法的问题，所以在这里也简单介绍一下，读者很快就会看到 MapReudce 的编程模式非常适合解决这类问题。

（一）关系型数据库查询运算

毋庸置疑，关系型数据库的使用迄今已经涉及人们生活的方方面面，无论是去银行存/取钱，还是去购买飞机票、火车票都会有关系型数据库作为支持。对于关系型数据库而言，一个十分重要的功能就是向用户提供查询，及时返回客户需要的相关信息。因此，本节将介绍如何利用 MapReduce 技术实现关系型数据库的基本查询功能，并假设读者对关系型数据库已有一定的了解。

为方便表达，这里关系被定义为一张数据表并标记为 R，它的表头称作属性，记为 A，每一条记录称作元组。通常关系型数据库基本查询包括如下功能：

① 选择查询：返回某数据表中满足条件 C 的全部元组；

② 投影查询：返回某数据表中包含指定子集属性 S 的全部元组；

③ 连接查询：给出两个关系数据表 R 和 S，并对比表中的每一个元组，如果两个元组的所有公共属性里面的值都一致，则返回一个新的元组，其包含所有两表中相同与不同的属性，此查询标记为 RS；

④ 并、交和差查询：这是典型的集合运算，这里运用在两个具有完全相同属性的表 R 和 S 上。

跟其他查询相比，由于自然连接查询的 MapReduce 实现相对复杂，所以这里给出一个自然连接查询的例子并加以解释，其他查询的 Map 和 Reduce 的函数内容展示在表 14.1 中。假设有一个社交网站（如 Twitter）存在一种"关注"关系，表示为 F（follower，leader），并可以存储在一张关系表中（如图 14.3所示）。现在网站想利用此表，查询所有两步关注的关系，即，如果存在关系 F（user1，user2）和 F（user2，user3），那么网站系统需要找到这样的三元组（user1，user2，user3）。为了解决这一问题，这里需要将表 14.1 做自身连接查询。为了不失去一般性，假设存在一个表 14.1 的副本，并分别命名它们的关系是 F_1 和 F_2，这样表 14.1 的自身连接可以表示为 F_1F_2。Map 函数的一种设计是输出键 – 值对当中的键 F_1（a，b）和 F_2（b，c）中的 b 用户，而值分别表示为（F_1，a）和（F_2，b）（因此存在两种不同的键 – 值对：（b，（F_1，a））和（b，（F_2，c）））。对于 Reduce 函数，它根据键的值把两种不同的键 – 值对的值用 b 连接起来，然后生成三元组（b，[（a_1，b，c_1）]，[（a_1，

b，c_1），…])。

follower	leader
user11	user21
user12	user22
user13	user23
…	…

图 14.3　用于存放"关注"关系的关系表

表 14.1　查询算法的 MapReduce 实现

查询类型	Map 函数	Reduce 函数
选择查询	检查在关系表 R 中每一条元组 t，如果满足条件 C，则输入键－值对（t，t），即键与值是相同的	直接将输入键－值对转化为输出键－值对
投影查询	对于在关系表 R 中每一条元组 t，创建一条新的元组 t'，t' 去除那些不在 S 中的属性，输出键－值对（t'，t'）	去掉冗余的输入键－值对，然后输出一个键值对，即（t'，[t'，…，t']）－＞（t'，t'）
并集查询	直接输出两张关系表中的每一个元组 t，每一个键－值对为（t，t）	去掉冗余的输入键－值对然后输出一个键值对，（t，[t，…，t]）－＞（t，t）
交集查询	同上	如果 t 存在一个冗余则去掉（t，[t，t]）－＞（t，t）；若无冗余则输出（t，null）
差集查询	对于在 R 和 S 中的元组分别输出键－值对（t，R）和（t，S）	对于键 t，其键值序列存在 R，则输出（t，t）：（t，[…，R，…]）－＞（t，t）；若不存在，则输出（t，null）

（二）矩阵－向量乘法

假设有一个 $n \times n$ 的矩阵 $A = (a_{ij})$ 和一个 n 维向量 $V = (v_1, \cdots, v_n)$，$A \times V$ 的结果也是一个 n 维向量，记作 $X = (x_1, \cdots, x_n)$，并且有：

$$x_i = \sum_{j=1}^{n} a_{ij}v_j$$

根据 Google 对 Page Rank 计算的方法，n 可能会超过 100 亿，在这种情况下，Google 设计了 MapReduce 编程模式来进行计算。为了方便解释，首先假设在工作机上存在一个足够大的内存，使得向量 V 可以全部存储在内存中。这样，对于每一 Map 任务，其输入包含整个向量 V 和矩阵 A 中的部分元素 a_{ij}（通常存储在一个文件块中），同时对每一元素，其输出键 – 值对的形式是 $(i, a_{ij}v_j)$。由于向量 V 和矩阵 A 的内容都详细地存在分布式文件系统中，这样它们都可以被任何工作进程读取，且很方便获得 i，a_{ij}，v_j 的值并加以计算。对于每一个 Reduce 任务，它只是简单加和所有具有相同键 i 的键 – 值对的值，并以 (i, x_i) 键 – 值对的形式输出。

但是在实际情况下，工作机的内存通常不足以存储整个向量 V，因此一个朴素的想法是将向量 V 进行分割，然后分批次将部分元素存放在内存中，最后执行 Map 任务。但是这样做的结果会引起繁多的磁盘读取工作，使得系统开销加大。为了避免这样的情况发生，在对向量 V 进行分割的同时，矩阵 A 也必须按照某种方式同时分割，以此避开磁盘读取。首先将矩阵 A 沿水平方向分成 m 个等宽的垂直条（Vertical Stripes），然后再沿着垂直方向将向量 V 分成 m 个水平条（Horizontal Stripes），并且每一水平条的高度等同于垂直条的宽度。图 14.4 展示了一个对矩阵 A 和向量 V 分割的例子且 $m = 4$。在这样的分割下，每台工作机可以一次将一个水平条和一个垂直条放入全部内存，根据 Map 任务的输出键 – 值对的定义 $(i, a_{ij}v_j)$，我们发现不需要修改 Reduce 函数的内容，最终计算结果并没有发生改变。

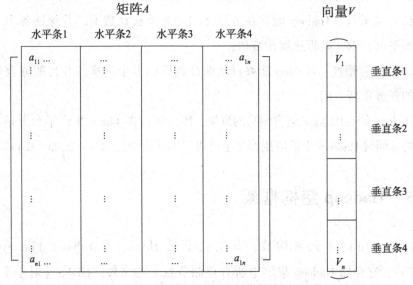

图 14.4　一个对矩阵 A 和向量 V 分割的例子且 $m = 4$

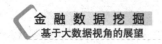

14.4　Hadoop 系统介绍

　　Hadoop 是 Apache 软件基金会开发的开放源代码并行运算编程工具和分布式文件系统，与 MapReduce 和 Google 文件系统的概念类似。Hadoop 是一个能够对大量数据进行分布式处理的软件框架，但是 Hadoop 是以一种可靠、高效、可伸缩的方式进行处理的。Hadoop 是可靠的，因为它假设计算元素和存储会失败，因此它维护多个工作数据副本，确保能够针对失败的节点重新分布处理。Hadoop 是高效的，因为它以并行的方式工作，通过并行处理加快处理速度。Hadoop 还是可伸缩的，能够处理 PB 级数据。此外，Hadoop 依赖于社区服务器，因此它的成本比较低，任何人都可以使用。

　　Hadoop 是一个能够让用户轻松架构和使用的分布式计算平台。用户可以轻松地在 Hadoop 上开发和运行处理海量数据的应用程序。它主要有以下四个优点：

　　（1）高可靠性：Hadoop 按位存储和处理数据的能力值得人们信赖；

　　（2）高扩展性：Hadoop 是在可用的计算机集簇间分配数据并完成计算任务的，这些集簇可以方便地扩展到数以千计的节点中；

　　（3）高效性：Hadoop 能够在节点之间动态地移动数据，并保证各个节点的动态平衡，因此处理速度非常快；

　　（4）高容错性：Hadoop 能够自动保存数据的多个副本，并且能够自动将失败的任务重新分配。

　　Hadoop 带有用 Java 语言编写的框架，因此运行在 Linux 生产平台上是非常理想的。同时 Hadoop 上的应用程序也可以使用其他语言编写，比如，C ++ 。

14.5　Hadoop 结构框架

　　Hadoop 由许多元素构成。其最底部是 Hadoop Distributed File System（HDFS），它存储 Hadoop 集群中所有存储节点上的文件。HDFS（对于本章）的上一层是 MapReduce 引擎，该引擎由 JobTrackers 和 TaskTrackers 组成。

（一） HDFS

对外部客户机而言，HDFS 就像一个传统的分级文件系统。可以创建、删除、移动或重命名文件，等等。但是 HDFS 的架构是基于一组特定的节点构建的，这是由它自身的特点决定的。这些节点包括 NameNode（仅一个），它在 HDFS 内部提供元数据服务；DataNode 为 HDFS 提供存储块。由于仅存在一个 NameNode，因此这是 HDFS 的一个缺点（单点失败）。

存储在 HDFS 中的文件被分成块，然后将这些块复制到多台计算机中（DataNode）。这与传统的 RAID 架构大不相同。块的大小（通常为 64MB）和复制的块数量在创建文件时由客户机决定。NameNode 可以控制所有文件操作。HDFS 内部的所有通信都基于标准的 TCP/IP 协议。

（二） NameNode

NameNode 是一个通常在 HDFS 实例中的单独机器上运行的软件。它负责管理文件系统名称空间和控制外部客户机的访问。NameNode 决定是否将文件映射到 DataNode 上的复制块上。对于最常见的 3 个复制块，第一个复制块存储在同一机架的不同节点上，最后一个复制块存储在不同机架的某个节点上。注意，这里我们假设读者已经了解集群架构。

实际的 I/O 事务并没有经过 NameNode，只有表示 DataNode 和块的文件映射的元数据经过 NameNode。当外部客户机发送请求要求创建文件时，NameNode 会以块标识和该块的第一个副本的 DataNode IP 地址作为响应。这个 NameNode 还会通知其他将要接收该块的副本的 DataNode。

NameNode 在一个称为 FsImage 的文件中存储所有关于文件系统名称空间的信息。这个文件和一个包含所有事务的记录文件（这里是 EditLog）将存储在 NameNode 的本地文件系统上。FsImage 和 EditLog 文件也需要复制副本，以防文件损坏或 NameNode 系统丢失。

（三） DataNode

DataNode 也是一个通常在 HDFS 实例中的单独机器上运行的软件。Hadoop 集群包含一个 NameNode 和大量 DataNode。DataNode 通常以机架的形式组织，机架通过一个交换机将所有系统连接起来。Hadoop 的一个假设是：机架内部节点之间的传输速度快于机架间节点的传输速度。

DataNode 响应来自 HDFS 客户机的读写请求。它们还响应来自 NameNode

的创建、删除和复制块的命令。NameNode 依赖来自每个 DataNode 的定期心跳（Heartbeat）消息。每条消息都包含一个块报告，NameNode 可以根据这个报告验证块映射和其他文件系统元数据。如果 DataNode 不能发送心跳消息，Name-Node 将采取修复措施，重新复制在该节点上丢失的块。

（四）文件操作

可见，HDFS 并不是一个万能的文件系统。它的主要目的是支持以流的形式访问写入的大型文件。如果客户机想将文件写到 HDFS 上，首先需要将该文件缓存到本地的临时存储区。如果缓存的数据大于所需的 HDFS 块大小，创建文件的请求将发送给 NameNode。NameNode 将以 DataNode 标识和目标块响应客户机。同时也通知将要保存文件块副本的 DataNode。当客户机开始将临时文件发送给第一个 DataNode 时，将立即通过管道方式将块内容转发给副本 Data-Node。客户机也负责创建保存在相同 HDFS 名称空间中的校验（Checksum）文件。在最后的文件块发送之后，NameNode 将文件创建提交到它的持久化元数据存储（EditLog 和 FsImage 文件）。

14.6 Hadoop 系统安装步骤

（一）安装 Ubuntu 操作系统

安装系统时，均设置用户名为 bupt，密码为 0。系统装成功后，进入终端，进行 MYM sudo apt – get update 操作，为以后安装软件作准备。

（二）安装并开启 SSH 服务（Namenode 和 Datanode 都要执行）

① 安装 openssh – server：执行命令 MYMsudo apt – get install openssh – server；

② 假设两台机器的机器名和 ip 分别为 master：59. 64. 184. 160 和 slave1：59. 64. 184. 140，master 机器作为 NameNode. master. jobTracker 且 slave1 机器作 DataNode. slave. taskTracker。

③ 现在配置/etc/hosts 文件：执行命令 MYMsudo gredit /etc/hosts，并添加如下两行：59. 64. 184. 160 master 和 59. 64. 184. 140 slave1。

（三）建立 SSH 无密码登录

在 Hadoop 启动以后，Namenode 是通过 SSH（Secure Shell）来启动和停止各个节点上的各种守护进程的，这就需要在节点之间执行指令的时候不需要用输入密码的方式，故我们需要配置 SSH 使用无密码公钥认证的方式。

现在以本章中的两台机器为例，master 是主节点，它需要主动发起 SSH 连接到 slave1；对于 SSH 服务来说，master 就是 SSH 客户端，而 slave1 则是 SSH 服务端，因此在 slave1 上需要确定 SSH 服务已经启动。简单地说，在 master 上需要生成一个密钥对，将公钥复制到 slave1 上，这样，当 master 向 slave1 发起 SSH 连接的时候，slave1 上就会生成一个随机数并用 master 的公钥对这个随机数进行加密，并发送给 master，而 master 收到这个加密的数以后用私钥进行解密，并将解密后的数发送回 slave1，待 slave1 确认解密的数无误后就允许 master 进行连接了，完成一次公钥认证过程。实施步骤如下：

① 对 master 节点，首先使用命令 MYMcp_id_rsa. pub autherorized keys（复制 id_ rsa. pub 到 authorized_ keys 文件中，从而实现认证），然后使用命令 MYMchmod 644 authorized keys（注意：这一步非常关键，每个机器都要执行，保证 authorized_keys 只对其所有者有读写权限，其他人不允许有写的权限，否则 SSH 是不会工作的）；

② 对于 slave1 节点，使用命令 MYMmkdir. ssh；

③ 对 master 节点，使用命令 MYMscp authorized keys slave1：/home/bupt/. ssh/（此处的 scp 就是通过 SSH 进行远程 copy，此处需要输入远程主机的密码，即 slave1 机器上 bupt 账户的密码，当然，也可以用其他方法（如 winscp）将 authorized_keys 文件复制到其他机器上）。

（四）下载并安装并配置 Hadoop 系统

从 Hadoop 官方网站下载最新的 Hadoop 系统，网址如下：http://www. apache – mirror. com/hadoop/core/hadoop – 0. 20. 2/。进入页面后，选择 hadoop – 0. 20. 2. tar. gz 包下载就可以了；然后解压 jar 文件到/home/bupt/HadoopInstall/目录下；最后将 Hadoop 的安装路径添加到/etc/profile 中。Hadoop 的主要配置文件都在 hadoop/conf 下。首先在 conf/hadoop – env. sh 中配置 Java 环境（Namenode 与 Datanode 的配置相同），然后在 conf/masters 和 conf/slaves 文件中配置 master 和 slave 机的地址，最后配置配置文件 conf/core – site. xml、conf/hdfs – site. xml 及 conf/mapred – site. xml，这里不再做详细介绍，详情可以参考官方网站。

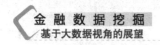

（五）运行 wordcount. java **程序**

执行步骤如下。

① 启动 Hadoop 系统：进入 master 机器的/home/bupt/HadoopInstall/hadoop/ 目录下，执行命令 MYM bin/hadoop namenode – format 和 MYMbin/start – all. sh；

② 关闭安全模式：键入命令 MYMbin/hadoop dfsadmin – safemode leave；

③ 本地磁盘建立两个输入文件 file01 和 file02：键入命令，MYM echo "Hello World Bye World" > file01 和 MYMecho "Hello Hadoop Goodby Hadoop" > file02；

④ 在 HDFS 中建立一个 input 目录：键入命令 MYM hadoop dfs – mkdir input；

⑤ 复制 file01 和 file02 到 hdfs 中：键入命令 MYM bin/hadoop dfsadmin – safemode leave；

⑥ 执行 wordcount：键入命令 MYM hadoop jar hadoop – 0. 20. 2 – examples. jar wordcount input output。

运行完程序后，使用命令 MYM hadoop dfs – cat output/part – r – 00000 来查询结果，输出为：

Bye 1

Goodbye 1

Hadoop 2

Hello 2

World 2

14.7 使用 MapReduce 技术和 Hadoop 软件处理金融大数据

目前，MapReduce 技术和 Hadoop 软件在金融行业中已经开始运用。金融数据类型的多样化以及金融数据量的迅猛增长给我们提出了巨大挑战，金融机构目前正针对金融大数据的特征，分析研究下一代数据挖掘技术，而 MapReduce技术和 Hadoop 软件是解决方案之一。有的专家已进一步构造了基于 MapReduce 的金融知识管理系统。

14.8　本章小结

　　本章我们介绍了 MapReduce 编程模型、Hadoop 系统的具体实施与程序执行。在 MapReduce 编程模型这一小节里，我们分别详细介绍了 MapReduce 的抽象概念和原理、MapReducede 技术的细节以及多种常用的基于 MapReudce 实现的算法，及其在金融大数据中的应用，这些都使我们对于大数据包括金融大数据的处理有了具体的认识。

参考文献

［1］ 徐子霈. 大数据：正在到来的数据革命［M］. 南宁：广西师范大学出版社，2012.

［2］ Anand Rajaraman，Jeffrey David Ullman，王斌. 大数据 – 互联网大规模数据挖掘与分布式处理［M］. 北京：人民邮电出版社，2012.

［3］ Viktor Mayer – Schonberger，Kenneth Cukier，盛杨燕，周涛. 大数据时代生活、工作与思维的大变革［M］. 浙江人民出版社，2011.

［4］ J. Dean and S. Ghemawat. Mapreduce：simplified data processing on large clusters［M］. Comm. ACM 51，2008：1，107 – 113.

［5］ Hadoop. apache. org，Apache Foundation.

［6］ J. D Ullman，J. Widom. A First Course in Database Systems［M］.（Third Edition）. Prentice – Hall. Upper Saddle River，2008.

［7］ http://hb. qq. com/a/20120416/001126. htm.

［8］ http://www. enet. com. cn/article/2011/0711/A20110711882929. shtml.

［9］ http://www. phpchina. com/archives/view – 41108 – 1. html.

［10］ http://wenku. baidu. com/view/2cbf8896daef5ef7ba0d3c57. html.

第 15 章 总结与展望

本书面向金融领域的实际问题，从数据角度来看银行、证券、保险等方向进行挖掘的可行性和重要性，对信用评分、股市预测、保险分析等进行了深入研究，并取得了较好的应用效果。随着金融数据的指数型增长，对金融数据的研究必然会过渡到金融大数据研究中来。

15.1 总 结

本书对金融数据挖掘进行了深入研究，在银行、证券、保险及相关方向取得了一些研究进展。

在银行数据挖掘中，针对信用评分、银行贷款等决策问题，利用神经网络、支持向量机等智能分析工具进行了深入研究和实证分析，取得了较好的应用效果。

在证券数据挖掘中，对股票市场预测和股票自动交易系统进行了深入研究，分别提出了利用粗糙集方法提炼股票市场的预测规则，引入网络大数据增加股票市场的预测精度，基于小波分析和神经网络构造股票自动交易系统，为优化投资组合、提高资金使用效率提供了有效的工具。

在保险及其他数据挖掘领域，分别对保险欺诈、企业破产、财务报表欺诈及原油市场预测进行了研究，提出了面向不平衡数据的保险欺诈监测方法，基于 Logistic 模型的企业破产预测模型、基于集成学习的财务报表欺诈监测模型及基于 ARIMA 的原油价格预测模型，取得了较好的应用效果。

本书的特色在于面向金融应用，不仅介绍数据挖掘算法本身，更注重如何将数据挖掘方法应用到金融实际问题中。本书的实践证明，数据挖掘方法在金融领域大有所为。值得一提的是，为了更好地增强金融市场预测的效果，本书力求利用大数据分析技术研究网络信息等对金融市场的影响。大数据分析与挖掘技术在金融领域将大有所为，下面对大数据及金融大数据挖掘对生活的影响进行一些探讨和思考。

15.2　大数据时代对生活、工作的影响

大数据是近两年最热门的 IT 概念之一。进入 2012 年以来，这个领域的风潮逐渐从专业 IT 人士和数据分析师，扩散到所有关注科技、互联网以及营销领域的人群中，扩散到网络相关的各行各业中，甚至包括政界人士。随着一系列标志性事件的发生和建立，人们越发感觉到大数据时代的力量。因此 2013 年被许多国外媒体和专家称为"大数据元年"。

大数据，其影响除了经济方面的，还包括在政治、文化等方面产生的深远影响。大数据可以帮助人们开启循"数"管理的模式，也是我们当下"大社会"的集中体现，三分技术，七分数据，得数据者得天下。

大数据的影响，增加了对信息管理专家的需求。事实上，大数据的影响并不仅限于信息通信产业，而且正在"吞噬"和重构很多传统行业，广泛运用数据分析手段管理和优化运营的公司其实质都是一个数据公司。麦当劳、肯德基以及苹果公司等旗舰专卖店的位置都是建立在数据分析基础之上的精准选址。而在零售业中，数据分析的技术与手段更是得到广泛的应用，传统企业如沃尔玛通过数据挖掘重塑并优化供应链，新崛起的电商如卓越亚马逊、淘宝等则通过对海量数据的掌握和分析，为用户提供更加专业化和个性化的服务。

在个人隐私的方面，大量数据经常含有一些详细的潜在的能够展示我们的信息，逐渐引起了人们对个人隐私的担忧。一些处理大数据的公司需要认真地对待这个问题。例如，美国天睿资讯的一个科学家提出，我们不应该简单地服从法律方面的隐私保护问题，这些远远不够，公司都应该遵从"谷歌不作恶"的原则，甚至应该做出更积极的努力。

15.3　金融大数据研究展望

可以看出，我们正在走向大数据时代，面对金融大数据，我们需要做好什么准备呢？

（1）意识的转变。大数据之"大"，并不在于其表面的"大容量"，而在于其潜在的"大价值"。在金融大数据背景下，金融市场决策将日益基于数据和分析而做出，而非传统意义上基于经验和直觉。因此，在大数据时代，金融分析与决策的正确和及时性越来越依赖于对大数据的应用和判断。

（2）技术的准备。在大数据时代，为了应对金融数据的爆炸式增长和不同类型数据的混合发生，以便在大数据下进行有效决策，存储技术、检索技术、分析技术、学习技术等数据处理技术必须有重大的改进。借助于Web2.0和云计算，我们有了更强大的处理工具和手段，但是，在海量的数据面前，仅仅有工具还不够，必须有更有效的分析方法，才能完成对数据蕴含价值的探索和发现，进而实现金融决策的准确化和即时性。

（3）管理的改进。在大数据时代，数据的产生非常迅捷，在高性能计算能力提高的今天，组织结构对于计算结果的反应能力和执行能力，将成为进一步实现金融业发展的瓶颈，现有的层次型组织结构和指令性管理模式必须进行重大的变化，以适应新形势下的数据的新增长模式和金融活动的新变化。

（4）大数据时代的到来，会促成金融智能分析师和金融数据挖掘工程师两个岗位需求的急速增长。

因此，在大数据时代来临之际，以竞争者的姿态主动地投入到潮流中去，将是金融组织和企业的不二选择。